掟破り

大下英治

水王舎

はじめに

政界にも、経済界にも、芸能界にも、スポーツ界にも、やくざの世界にも、組織が存在する限り、すべて掟というものがある。その掟によって組織がまとまるからである。

掟を守る限り、その者は組織から庇護される。また、掟からはみ出す者がいないか、組織の構成員はおたがいが見張る者となり、掟は存続してゆく。

掟を破った者に対しては、必然的に組織から手厳しい仕打ちが加えられる。掟を破れば裏切り者の烙印を押され、組織の権威が及ぶ領域から追放される。その恐怖心もあり、掟は守られる。

いっぽう掟は保守的な性格になりがちである。掟そのものが、既存のヒエラルキーを前提として成立し、そのヒエラルキーを守るために存在しているからだ。

時代が進み、新しい考えの持ち主が現れると、掟との間で摩擦が生じる。掟にがんじがらめに締め付けられている限り、改革はできない。そこであえて、反逆者となることを厭わず掟を破る者もいる。

世間の常識が新しい風を容認することになれば、掟そのものが古臭い因習として非難されることになる。掟破りによって時代を変革することもあるのだ。掟破りが成功すれば、彼らは改革者とみなされ称賛を受ける。

本書では、戦後の政界、経済界、芸能界、やくざ社会において、掟破りとなった七つの代表的なケースを取り上げる。追放された者、改革者として新たに権力を手にした者など、その結果はさまざまである。

現今、昨日の掟は明日の負債になりかねない事態が頻出している。東芝然り神戸製鋼然り日産然りである。ルールが変わったのに気が付かないで、古い掟にしがみついている組織は、いずれ時代から置き去りにされるであろう。

さまざまな世界の掟のあり方と、掟破りの実態から、読者諸氏が感じるところがあれば、幸いである。

二〇一七年吉日

著者記す

掟破り［目次］

第2章 岸信介の密約

政界の掟「密約は破られるものである」

第3章 高倉健

映画界の掟

「所属スターは、他の映画会社の映画に出てはいけない」

第6章 孫正義

経済界の掟

「メインバンクの意向は絶対である」

第7章 田中角栄と竹下登

政界の掟

「派閥の長に逆らってはならない。派閥の中に新たな派閥をつくってはいけない」

第1章

やくざ同士の安全保障

関東二十日会の掟

「組同士で無益な血は流さない」

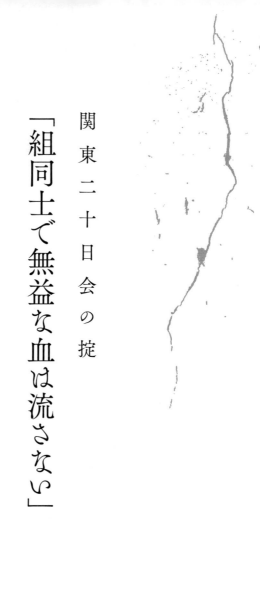

やくざ世界では、無益な血を流し合う愚を、それぞれの組の親分も最高幹部も、いやというほど知っていた。おたがいの組同士の親睦がはかれれば、末端で起こった間違いも、トップ同士の話し合いで食い止められる。

関東のやくざ社会には「関東二十日会」という組同士の親睦をはかる会がある。最初二十日に集まったことから関東二十日会と命名された。

末端での抗争も、その月の当番の組がすぐに仲裁に入り、大きな抗争が火を噴かぬよう押さえた。もし関東二十日会のメンバーのAの組がメンバーのBの組を狙えば、メンバーの他の組がそろってAの組に向かい合うという強い掟である。いわば安全保障条約のようなものである。

関東の親分たちが移動する時、ゾロゾロと組員が取り囲んで歩く姿は見かけない。関東二十日会の強い掟のせいである。

関西や広島のやくざは、親分の移動において、まるで大名行列かと思わせるほど子分たちが黒背広でゾロゾロ歩くのは、事実上の安全保障条約が機能していないからである。

関東二十日会が結成されて以来、関東でおさまらぬ事件は、ほとんどなかった。

「ドン撃たる！」

かって織田信長は、わずか三千の兵を率いて、二万五千もの軍勢を引き連れて桶狭間に陣を休めていた今川義元軍を襲った。その時、今川義元の首を狙い討ち取るや、二万五千もの軍勢は散り散りになって敗走した。

やくざ社会でもその例にならい、彼らはなにより親分のタマを狙う。それゆえに、親分の外出には、子分たちが周りを取り囲むようにして守るのだ。

昭和五十三年七月十一日夜、田岡組長は、大勢のボディガードに守られて京都三条駅前のナイトクラブ『ベラミ』で飲んでいた。

大日本正義団組長の鳴海清は、ドン狙撃の機会をこの夜摑んだのであった。

この二年前の昭和五十一年十月三日、大阪市浪速区日本橋で、松田組系大日本正義団会長の吉田芳弘は山口組系佐々木組の襲撃班の二人に襲われ銃弾を浴び、病院に運ばれた。が、ほとんど即死の状態であった。まさに〝大阪戦争〟の再燃であった。

『ベラミ』のステージのショーが終わった時に、鳴海はするすると多くのボディガードに囲まれた田岡組長に近づくことができた。

胸から取り出したピストルを田岡組長に向け、二発発射した。

鳴海は『ベラミ』を出ると、外で待っていた仲間の組員に高揚した口調で言った。

「取った。手応えはあった」

ところが、鳴海の銃弾は確かに田岡の首を貫通した。が、田岡組長は、強運にも大動脈や神経系統には何の損傷もなかった。

「ドン撃たる！」

〝大阪戦争〟は、一気に燃えあがることになる。

ドン狙撃から約二カ月後の九月十七日、六甲山中でハイカーが無惨な男の死体を発見した。パジャマ姿でガムテープでぐるぐる巻きにされ、腐乱した死体だった。ドンを撃った鳴海清であった。

走る要塞と厳戒な警戒態勢

山口組四代目組長竹中正久も襲撃され、死ぬことになる。

昭和六十年一月二十六日土曜日の夜九時十五分、竹中組長を乗せた車が大阪府吹田市江坂のマンションに乗りつけた。そのマンションに竹中の愛人が待っていたのだ。

ステンドグラスが輝き、二階まで吹き抜けになった玄関ホールに男二人が待ち伏せしていた。

山口組は田岡三代目の後継をめぐって分裂。昭和五十九年六月、竹中正久若頭の四代目組長就任に反発した山本広・山広組組長を支持する直系組長グループが「一和会」を結成して対立した。その「一和会」のヒットマンの二人であった。

竹中組長は、山口組ナンバー2の若頭中山勝正豪友会会長と、南組の南力組長の二人を引き連れていた。

ヒットマン二人は、マンションの玄関に入りエレベーターに乗り込もうとしたコート姿の竹中組長ら三人にピストルを乱射した。

中山若頭は即死でピクリとも動かなかった。

南組長はうめき声をあげ、もだえていたが、命は取り止めた。

竹中組長も、胸や腹に銃弾を受け瀕死の重傷を負った。それでも自力で自分のベンツに乗り込み、配下の組員の運転で大阪市南区内の南組事務所に向かわせた。

そこから救急車を呼び、大阪警察病院に搬送された。が、意識不明のまま二十七日に死亡した。山口組は、トップとナンバー2を失ったのである。

わたしは、広島の共政会の山田久三代目会長の取材を本部事務所でおこなったことがある。その事務所の大きなガラス窓は、やくざの事務所にしてはふつうのガラスと変わらない。思わず山田会長に訊いた。

「厚い防弾ガラスになってないんですか」

「一見ふつうのガラスに見えるが、むしろ普通のガラスより薄い。これこそ究極の防弾ガラスなんじゃ。薄いが、拳銃なり機関銃の弾が撃ち込まれると、三千粒くらいに粉々になって弾が通らないようになっとる」

なんとも厳重である。

事務所での取材を終え、山田会長のいきつけの広島の盛り場の流川のクラブに向かうことになった。そこでまた取材を続けることになった。

その車に山田会長とともに乗って、また驚かされた。

山田会長が説明した。

「この車の窓ガラスも、同じように機関銃で撃ち込まれても、弾が通らないように出来とる。車体も、機関銃で撃ち込まれてもビクともしないように造られとる」

じつは、山田会長は共政会三代目襲名披露の挨拶に大阪に車で向かった時、敵に襲撃されたことがある。電車の通過待ちで止めていた車の前と背後の窓に飛びつかれ、ピストルで窓越しに撃ち込まれた。同乗していた幹部は撃ち殺された。山田会長も弾を撃ち込まれたが、かろうじて死は免れた。

その事件以後、日本に四台しかないというまるで走る要塞のような車を購入したのだという。

さて、車が山田会長行きつけのクラブに到着した。驚いたのは、そのクラブの入ったビルの入り口に二人の若い衆が見張り役として立っていたことだ。

エレベーターで三階に上ると、エレベーターの出口に、二人の若い衆が見張り役として立った。

クラブの入り口にも二人の若い衆が立った。

クラブに入り、奥の席のソファーに山田会長と向かい合って座った。

そのまわりを三人の若い衆がまた取り囲むように座った。

親分のタマを獲られないように、という凄まじい警戒心であった。関東二十日会のような掟のない広島ならではの警戒態勢といえよう。

アイゼンハワー大統領来日で動員された任侠集団

関東のやくざ社会の安全保障ともいえる「関東二十日会」はどのようにしてできたのか。時計の針を五十年以上前に戻して見てみよう。

昭和三十五年六月初旬、総会屋の吉川明と連れだってきた右翼の小沼正が、あらたまった口調で言った。

「稲川親分、今日は、ひとつ頼みたいことがあって来たんですが……」

前年二月に銀座七丁目の南欧ビル四階に新しく出した稲川組の興業事務所であった。六月十九日の日米安全保障条約の締結を前に、左右両陣営の激烈な対決がつづいていた。

小沼が言った。

「こぞんじのように、六月十九日には、アイゼンハワー大統領が、国賓として日本にやってくる。ところが、いまの警官の警備では、間に合わない。そこで、自民党筋から頼まれたんだが、任侠団体のみなさんに、警備の協力をしてもらいたい」

小沼の話によると、十九日当日、天皇陛下は皇后陛下をともなって、羽田空港までアイゼンハワー大統領を出迎える。

羽田から皇居まで、アイゼンハワー大統領と天皇、皇后両陛下を乗せたオープンカーが、十八・七キロをパレードする。その沿道を二メートル間隔で警備するには、一万八千七百人の警官が必要となる。ところが、警視庁の全警官数は、二万四千人。警備動員数は、一万五千人が限度であるという。

警視庁内に設置された大統領警衛警備事務推進委員会は、パトカー二百八十八台の全出動、私服警官三千人、機動隊精鋭千五百人をこのほかに配置することに決定した。しかし、連日十万人単位のデモ隊が国会近辺を取り巻いている。それだけの警備体制では、防御はしきれない。

その警備力の不足をおぎなうために、自民党安保委員会が組織したのが、「アイク歓迎対策実行委員会」であった。委員長は、橋本登美三郎であった。

稲川組組長の稲川角二（のち聖城）は、小沼からくわしい説明を聞くなり、即座に答えた。

「できるかぎりの協力を、させていただきましょう」

稲川は思っていた。

〈おれたちは、常日頃、ムダ飯を食っている人間だ。少しでも国のために役立つことができるなら手銭、手弁でも協力しなくてはならない……〉

アイゼンハワー大統領訪日まで、残された日数は、八日しかなかった。

稲川の兄貴分である大船の横山新次郎も、国を守ることに情熱を見せた。

「稲川、銭がいくらかかってもかまわねえ。できるかぎりの協力をしよう」

稲川と横山は、可能なかぎりの金を集め、準備に入った。

デモ隊と対決する戦闘服も、デパート高島屋から一万着買った。夏と冬用として、うすいベージュ色と紺色のものを五千着ずつ買いそろえたのであった。

左翼勢力との対決は、六月だけで終わるとは思っていなかった。冬を越すことにもなりかねない。長期戦に入る用意もしていた。

ヘルメットも、五千個買いそろえた。

横山が、稲川に言った。

「機動隊の立場もある。武器は持ちこめない。三尺の樫の棒に、紙の日の丸でいい、つけさせろ。アイゼンハワー大統領を出迎えるための日の丸の旗に見せかける。いざというときには、その樫の棒が、武器にかわる」

さすがに〝天一坊〟とまで言われた頭の切れである。

稲川は、代貸しの井上喜人に命じた。

「動員数は、一万人だ。静岡、神奈川のバスを、当日すべてチャーターしておけ。バスのまわりには、稲川組の幕を張る準備をしておけ」

その準備が進められている間、左右両陣営の対決は、血なまぐさいものにエスカレートしていた。

六月四日には、6・4統一行動として、国鉄主要駅の支援ピケに、学生、民主団体、労組員が参加した。全国の参加総数は、五百六十万名を超えていた。

右翼側は、護国団関西本部青年行動隊二十六名が、尼崎市大物公園の「安保阻止尼崎市民決起大会」会場北側に、「安保改定賛成」のアドバルーンをかかげて待機。デモ行進してきた全日通労組員に木刀やバットで襲いかかるという事件を起こしていた。

その間、アイク歓迎対策実行委員会は、稲川だけでなく、何十人かの博徒、テキヤの親分たちに協力してもらうよう働きかけていた。テキヤの結集にあたったのは、新宿の尾津組の尾津喜之助、池袋の極東関口会の関口愛治の両親分であった。

尾津は、彼の経営する浅草の料亭にテキヤの親分衆を招き、対策を協議した。

その結果、代表五人が、アメリカ大使館へおもむき「アイク歓迎」の意思を伝えた。東京街商協同組合の顧問で、元警視総監の中田英一の紹介で、国会前のホテルで開かれていた「アイク歓迎対策実行委員会」に合流。

その後、五十人近いテキヤの親分衆が、再び尾津の経営する浅草の料亭に集まり、最後の作戦計画を練った。部隊の名称は、「愛国神商同志会」と決定した。

尾津、関口連名による決起ビラ二百万枚が印刷された。

セスナとヘリコプターの手配もととのえられた。

警視庁との打ち合わせで、動員可能なテキヤの一万五千人は、三千人ずつ、五個部隊に分ける。うち四個部隊は、芝の総評会館から御成門、増上寺、芝園橋付近に配置。残る三千人は、遊撃部隊として適所に配置することに決定した。

機動力としては、大型トラック二十台、スピーカーつきの指揮車一台などを調達することになっていた。

稲川が「チャンコウ」と呼び慕っていた住吉一家を改称した港会の重鎮であった阿部重作も、関東一帯の博徒の親分衆を集めた。

「アイク歓迎対策実行委」は、最終的には、稲川組など、博徒一万八千人、テキヤ一万人、旧軍人、消防関係、宗教団体など一万人、右翼団体四千人、その他五千人が動員可能と読んでいた。

六月十日には、アイゼンハワー大統領秘書のハガチーが、日本にやってきた。

しかし、羽田で学生、労働者のデモに包囲され、アメリカ軍のヘリコプターで脱出。在日アメリカ大使館へ入った。

いよいよアイゼンハワー大統領訪日が五日後に迫った六月十四日、静岡県熱海の稲川邸の広間に、稲川組の幹部が集められた。

横山が、具体的な作戦指令をはじめた。

「アイク訪日の当日は、早朝、川崎市の競輪場に全員集合し、バスを連ねて、明治神宮に参拝する。それから、五千人は、羽田空港に近い消防署付近に配置する。あとの五千人は、見物人にまじって、左翼のデモ隊と対決する」

稲川が、幹部一同に念を押した。

「バスをふくめて全ての用意は、できているな」

一同が、深くうなずいた。

右翼の大物・児玉誉士夫という男

アイゼンハワー大統領訪日を四日後にひかえた六月十五日──「安保阻止！」を叫ぶ全学連七千人が、国会になだれこんだ。

夕刻、右翼の維新行動隊百三十人が、トラックで国会裏側をデモ行進中の全学連や新劇人会議に突っこみ、双方で三十人近い負傷者を出した。

この事件により、警官隊とデモ隊のあいだにいっそう激しいもみあいが起こった。乱闘のすえ、東京大学文学部国史学科の樺美智子が死亡した。

彼女の死は、政府にも深刻な衝撃をもたらした。

六月十六日、岸信介首相は、記者会見で、発表した。

「アイゼンハワー大統領訪日は、延期いたします」

事実上の中止であった。

アイゼンハワー大統領の訪日する予定であった六月十九日、新安保条約は、参議院の議決をへないまま、国会周辺に座りこんだデモ隊の「不承認」のシュプレヒコールの中で、自然承認となった。

それから一週間後、稲川は伊豆長岡の旅館の二階で開かれた賭場にいた。

その日は、あまりいい目は出なかった。

〈つかないときは、こういうものさ……〉

稲川は、賭場を立ち、玄関を出ようとした。そのとき、玄関の前にタクシーが止まった。林一家総長の林喜一郎が、巨体をゆるがせるようにして車を降りてきた。怒った顔をしている。林は、怒ったときには、正直に顔にあらわす男であった。

「親分、児玉が……」

林はまずそう言って荒い息を吐き、つづけた。

「アイゼンハワー大統領が日本にやってくるのにそなえ、自民党の安保委員会とやらが、財界からこの日のために、六億円近い金を集めていたらしいんです」

稲川にも、それは初耳であった。

「ところが、その六億もの金が、アイゼンハワー大統領が来なかったのに、どこへやら消えちまったというんです。どうやら、その金を児玉誉士夫が自分の懐に入れてしまったというんです」

稲川は、カッとなった。

〈いくら児玉でも、許せねえ……〉

児玉誉士夫は、右翼の大立者であった。

昭和六年、浜口雄幸内閣の大番頭であり、財閥偏重政策をとりつづける蔵相井上準之助に書状と短刀を送りつけた。

『天下騒然たるの折、短刀一振り進呈仕候、護身用たると切腹用たると御自由に使用され度く候……』

という物騒な文面であった。

そのため、入獄した。

その年の十月、児玉は、同志十数人を糾合して決死隊を組織した。

『ダイナマイトを使って発電所、送電線を破壊して、東京全市を暗黒化、暗闇に乗じて爆弾および拳銃で政党の領袖、財界の巨頭、彼らと結託する君側の奸を倒し、同時に屋敷を焼き打ちする』

これを起爆剤として、軍部が即応し、戒厳令を布き、軍政を施行することを夢見たのであった。ところが、武器の手榴弾が暴発したことから、事前に「国家改造計画」が発覚。児玉は、再び入獄した。

昭和十六年十一月、今度は海軍航空本部嘱託となり、上海に「児玉機関」を設置。海軍航空本部の戦時必需物資の購入監督のために奔走した。三井、三菱などの商社とちがい、採算度外視の即決主義をとった。雲母、銅、ボーキサイト、潤滑油、ニッケルなど、必要なものは片っ端から集めた。

戦後は、東久邇宮稔彦内閣の参与になった。ところが、占領軍命令により、A級戦犯に指定された。岸信介らといっしょに巣鴨拘置所に収容された。

釈放は、三年後の昭和二十三年であった。

敗戦のときの児玉機関の資産は、日本本土に残されたものだけで、億を超える額といわれていた。中国にあった機関の資産は、終戦当時の邦価換算にして、三十二億円にものぼる膨大なものであった。

その膨大な資産は、政商の辻嘉六の説得により、日本自由党の結党資金として、使われた。現金で約五千万円。そのほか、金、プラチナ、ダイヤなどが使われた。児玉誉士夫が、いまの自由民主党の前身である自由党をつくったともいえる。

児玉は、このような関係から、黒幕として隠然たる力を持ちはじめた。

昭和三十四年、岸信介が、党人派の大野伴睦に、次期総裁委譲契約書を書いた場面にも、立ち会っていたほどであった。

児玉は、同時に、右翼、やくざへも睨みをきかせていた。しかし、稲川は、相手がいくら大物であろうと、許せねえものは、許せねえ……と思っていた。それでなくても、自民党筋から、あれほど今回、博徒、テキヤの親分たちに声をかけて応援を頼んでおきながら、「御苦労さん」のひと言もなかった。そのことで、全国の博徒、テキヤたちは怒りの声をあげているときであった。

稲川は、こみあげてくる怒りを抑えかねたようにして言った。

「児玉のところに、乗りこむ！　話をつけてくる」

喧嘩相手として、不足はなかった。稲川の全身の血が、若いころのように熱く滾っていた。

児玉と稲川の邂逅

稲川は、世田谷区等々力の児玉誉士夫邸に乗り込んだ。

稲川は、応接間のソファーに案内された。

しばらくして、ドアが開いた。

いがぐり頭の児玉が入ってきた。質素に見える久留米がすりの筒袖姿であった。小柄ながら、威圧感が漂っていた。

部屋の空気が、にわかに張りつめた。

児玉は、稲川を見た。細い二つの眼の奥が、一瞬ぎらりと光った。射すくめるような眼の光であった。

稲川も、まっすぐに児玉の眼を見た。

児玉は、暖炉を背にして、一人がけのソファーに座った。児玉もまた、供を従えてはいなかった。おたがいに、差しであった。

稲川は、児玉の眼を、あらためて見た。しばらくのあいだ、児玉の眼を睨みつけたまま、ひと言も発しなかった。

このときが二人にとっては、初対面であった。稲川、四十六歳。児玉、四十九歳であった。

張りつめ、殺気立った空気が、流れつづけた。

稲川が切り出した。

「自民党から、アイゼンハワー大統領訪日にそなえて、任俠団体のためにおりた六億近い金が、児玉先生のところで消えた、という噂がある。真実をはっきりうかがいたいと思って来ました」

児玉は、厚い唇を開きひと言だけ発した。

「稲川君、わたしは、自民党に貸しはあっても、借りはない！」

稲川の胸に、ズシリとこたえるひと言であった。児玉が、日本一の右翼の面子にかけて言っている言葉である。

稲川のそれまでの児玉への怒りが、そのひと言で鎮まった。その言葉を信じよう、と思った。

児玉は、稲川の眼をジッと見て言った。

「わたしと苦楽をともにしてきた妻が、安保のさなか、車に撥ねられ、死ぬか生きるかの瀬戸際だった。わたしは、そのころは妻の看病で、病室から一歩も外へ出ていない。そのわたしが、自民党から出た金を、勝手なことをするわけがない。おれを信じてくれ」

児玉の妻は、五月三十一日に自動車に撥ねられ、広尾の日赤中央病院に入院していた。児玉は、つきっきりで看病したが、六月十三日、ついに彼女は息をひきとった。アイゼンハワー大統領訪日中止の決定した六月十六日には、池上本門寺で妻の葬儀をおこなっている。

児玉はそのとき、妻といっしょに自分の葬儀も出した。いわゆる生き葬いである。妻の墓に、児玉の命日、昭和三十五年六月十三日、享年四十九歳と彫りこんでいた。

児玉は、いまひとこと言った。

「その金の動きについては、わたしも、うすうす噂は聞いている。そのへんの事情は、川島君に会わせるから、よく訊いてくれ」

川島正次郎は、安保のとき、自民党の幹事長をしていた。

稲川は、きっぱりと言った。

「その必要は、まったくありません！」

稲川は、児玉の眼をまっすぐ見て言った。

「よくわかりました」

それから、深々と頭を下げた。

児玉は、稲川の、竹を割ったような性格に、久々に男らしい男に会ったようなすがすがしい気持になっていた。

児玉は、いままでの射るような眼をなごめ、稲川に声をかけた。

「稲川君、近いうち、時間をつくってくれないか。ゆっくり話し合いたい」

稲川も、胸を弾ませていた。

「よろこんで、おうかがいいたします」

児玉の大構想「任侠団体の大同団結」

それから一週間後の夜、赤坂の料亭「中川」の座敷で、児玉と稲川は向かい合っていた。

児玉は、この夜は背広姿であった。家にいるときは着物姿で通すが、外出のさいは、背広姿で通していた。ダークグレイの無地のジャージの上着に、フラノのズボンというラフな格好であった。襟の小さいワイシャツを着、ネクタイをきちんと締めていた。

稲川も、きちんとネクタイを締めていた。

児玉は、料亭で会うときは、いつも座敷には一人で入った。政財界の大物相手の密談がほとんどであったから、供は、表に待たせておいた。稲川は、この夜もひとりであった。

この夜は、初めて対決したときとは打って変わったなごやかな雰囲気で二人とも向かい合っていた。

二人きりの話が終わるまで、人払いしていた。しばらく話しているうち、児玉が突然言った。

「稲川君、どうだろう。これからは、兄弟分としてつき合ってもらえないだろうか」

稲川は、熱い興奮をおぼえながらも、とまどった。児玉とおれとは、格も、稼業も、生き方もちがう。児玉は、政治の世界の黒幕だ。おれは、一博打うちにすぎない。兄弟分になど、なれるわけがない。

稲川は、児玉を熱いまなざしで見返して頭を下げた。

「兄弟分とはありがたいことですが、わたしには、渡世上の親があります。先生には、心の親になっていただきたい。これからは、先生をおやじと呼ばせてもらいます」

児玉は、何も言わないで、静かに笑い、首を縦に何度もふった。児玉は、心の中では、稲川の申し出をよろこんでいた。

なお、児玉は、誤解を解くために、都内のホテルに川島幹事長を呼び、「真相を明らかにする会合」をひらいた。その会には、稲川をはじめ、親分衆が集められていた。川島幹事長が、きっぱりといった。

「問題の資金の行方は、目下調査中だ。自民党は、児玉さんに借りはあっても、貸しはない」

親分衆は、幹事長の言葉にいちおうは納得した。

じつは、このころ、児玉の頭の中には、雄大な構想があった。安保での左翼勢力の盛りあがりを見てもわかるように、いずれ日本は共産主義革命の危機にさらされる。そのときには、一党一派にとらわれない、いっせいに決起できる強固な大組織をつくるべきだ。そのためには、これまでのように右翼だけ集めていては駄目だ。趣旨に賛同する一切の団体や個人を包含していくべきだ。

が、現実には、そのような雄大な構想は、実現できない。とりあえず、全国の任俠団体を大同団結させようと考えていた。しかし、任俠団体の大同団結が難しいことは、児玉にはわかっていた。

児玉は、その難しい構想を実現させるため、これまで自分と親しい任俠団体の親分たちを頼りにしていた。

埼玉、群馬の博徒の集団「北星会」会長の岡村吾一はもちろん、反共運動の義人党党主の高橋義人も頼りにしていた。

関根組の後身である松葉会の会長の藤田卯一郎の親分にあたる関根賢も、児玉の古い知り合いであった。児玉は、関根組の経営する関根建設の会長にもおさまっていた。したがって、松葉会も動かすことができた。

住吉系の重鎮である阿部重作も、児玉の知り合いであった。

町井久之とも繋がりを持っていた。

町井は、韓国人で、のちに韓国の朴大統領とも親交を持つ。日韓問題を通じて、町井と児玉は深い繋がりを持ちはじめていた。町井は、銀座を中心に東声会を組織していた。

児玉は、あらためて稲川の精悍な顔を見ながら思った。

〈おれの大構想の実現も、早くなる……〉

児玉は、稲川と腹と腹を許し合ったことを、ことのほかよろこんでいた。

事実、児玉は、稲川と、自分の親しい親分たちの協力を求め、大構想実現に拍車をかけていった。

東亜同友会の挫折

児玉は、昭和三十八年の初秋、世田谷区等々力の自宅応接間で、稲川に、険しい表情で語った。

「稲川さん、若い者たちがやれ肩が触れたの触れないの、顔を潰したの潰されたのと、屁みたいなことで貴重な生命を取り合うような愚をやめて、もっと天下国家のためになることを考えるべきだ。体を張るのは、人のためとか国のためだけだ。全国の任侠団体が友和をはかり、いままでとちがった前進した生き方をしてもらいたい……」

児玉は、六〇年安保での左右両陣営の対決の経験から、一党一派にとらわれず、日本が共産主義革命の危機にさらされたときいっせいに決起できる強固な大組織をつくろうとしていた。そのため、全国の任侠団体を結集し、「東亜同友会」をつくろうという遠大な構想を抱いていた。

児玉は強調した。

「東亜同友会を、たんなる政治的団体にするのではない。高度成長を迎え各地で多発化している任俠同士の抗争を未然に防ぐために、事件が起こってしまった場合、その解決にあたる全国的な権威ある連絡機関としても活かそう」

稲川は、これまで博徒一筋に生きてきた男であった。

安保騒動のときには、常日頃ムダ飯を食っている人間として、国のために少しでも役立てれば……と手銭、手弁で協力してきた。しかし、政治とはまったく縁のないところで生きてきた男だ。政治は、政治家に任せておけばいい。おれたち博徒の口を挟むことではない。稲川は、そう思っていた。

同時に、関西と関東の任俠団体を団結させようなんて、はじめから無理なことはわかっていた。関西と関東のやくざは、気質もちがう。強引に束ねようとしても、無理がある。

が、児玉は、心の親と決めた人物である。心の親が命を賭けている構想のためには、力を尽くそうと決めていた。

東亜同友会実現のための発起人会は、昭和三十八年一月に関東の会合が、二月はじめには、名古屋地区の会合が持たれた。

関東は稲川組長がまとめたが、中国、四国は、山口組の田岡一雄組長が動き、九州は、児玉自身が意思統一にあたった。

そして二月十一日の旧紀元節の日、関西地区の発起人会が京都・都ホテルでひらかれることになった。いわゆる〝京都会議〟である。京都会議には、神戸の山口組、大阪の柳川組、京都の中島会、兵庫の松浦組、三重の吉田一家、菊田組、岐阜の鈴木組、瀬戸一家、愛知の稲葉地一家など、関西、中部の有力組織の親分が集まった。

その京都会議のおこなわれる数時間前に、神戸市須磨の料亭で、山口組三代目の田岡一雄を兄、東声会会長の町井久之を舎弟とする結縁の儀式がおこなわれた。

その夜、いよいよ京都会議がひらかれた。田岡と町井の結縁により、京都会議はよりスムーズに進むかに見えた。なお、ホテルでの会合費、宿泊費その他一切の費用は、児玉が鞄に提げてきた現金五百万円で支払われた。

その後、二月二十八日に、世田谷区等々力の児玉邸で、全国的な規模の幹部発起人会をひらくまでに漕ぎつけた。が、東亜同友会構想は、ついに幻に終わってしまった。

児玉は、この挫折について、『組織暴力の実態』でこう語っている。

「結局『だれが会長になるか』ということで、ボクにどうかと話があったが、ボクは顧問ならともかく、会長にはならんとはっきり断わった。というのは〝児玉は勢力を結集して政治目的に使うのではないか〟などとかんぐられてはかなわんから……。ところが、いざまとめにかかってみると関西を田岡氏（山口組組長）、本多氏（本多会先代会長）のどちらかに頼めば、どちらかがそっぽを向くのではないかといったような面倒なことがからんで足並みがそろわず、そのうちボクの方でバカバカしくなっておりたんだ。世間の幼稚な批判や『自民党あたりから年々金がはいってくるんだろう』と誤解してみかねないヤクザの色目は、つくづくいやになった」

児玉すら手を焼いた山口組と本多会の対抗意識は、拭いがたいものであった。

本多会の初代本多仁介と山口組三代目の田岡一雄組長は、〝五分の兄弟〟の関係だが、両組の末端での抗争事件は、あとを断たなかった。

とくに、広島事件はすさまじいものであった。広島の打越信夫打越組組長が、昭和三十六年十月、山口組舎弟安原政雄と五分兄弟盃を交わす。

いっぽう広島で打越と対立していた山村組の山村辰雄組長が、神戸の本多会の本多仁介会長と五分兄弟盃を交わす。この盃により、広島では、神戸の山口組と本多会との〝代理戦争〟が火を噴く。

児玉は、挫折直後、稲川に、肚の底からしぼり出すような声で言った。

「稲川さん、全国規模での任俠団体の団結はうまく運ばなかったが、なんとか関東だけでも、と考えている。協力してほしい……」

稲川は、引き受けた。

「わかりました」

児玉は、関東だけでも結束をはかるため、根回しをはじめた。

稲川は、昭和三十八年十月十六日に、稲川組を錦政会とあらため、政治結社の届け出をした。

児玉は、「全国組織が駄目なら、せめて関東だけでも……」と、関東会を結成した。

加盟団体は、稲川会長の錦政会、磧上義光会長の住吉会、藤田卯一郎会長の松葉会、森田政治会長の日本国粋会、高橋義人党首の義人党、町井久之会長の東声会、岡村吾一会長の北星会の七団体であった。

昭和三十八年十二月二十一日、熱海のつるやホテルで、結成式をあげた。

右翼陣営からは、児玉、児玉らが昭和三十六年に結成した青年思想研究会、いわゆる青思会の常任諮問委員の平井義一元衆議院議員、やはり青思会諮問委員、白井為雄、青思会常任実行委員の中村武彦、青思会常任実行委員の奥戸足百の五人が参加した。

顧問級では、松葉会顧問の関根賢、波木一家三代目総長の波木量次郎が参会した。

初代会長は、加盟七団体の中で年長者である松葉会の藤田卯一郎を推薦した。

会の最後に児玉が挨拶した後、「天皇陛下万歳！」を三唱し、閉会した。

それから数日後、衆参両院全議員の自宅に、「自民党は、即時派閥抗争を中止せよ」と題する関東会七団体の連署による「警告文」が配付された。

「今日の日本は、自民党のみにくい派閥抗争によって亡国の方向へ大きく傾斜しつつある。先般の総選挙において、自民党のある派閥が他の派閥の候補者に加えた中傷と妨害は最も悪質なものであって、自民党の当面の敵である左翼の候補者に対するよりも、さらにひどい非難と攻撃を加えたものであった。

このような恐るべき醜状が全国到るところで展開された。

自民党の派閥抗争の責を、特定の派閥や個人に集中することは公正ではない。

河野一郎氏一人が政治的に失脚したところで、自民党の派閥抗争は断じて止むものではない。河野氏の派閥的行動を非難攻撃している人達が、いまだに自分達の派閥を解体しないのは何を陰謀しているのか。彼らは派閥解消に名を借りて河野氏の政治的失脚をねらっているといわれても仕方ないであろう。

近頃巷に乱れ飛んでいる個人攻撃のデマ中傷は、すべて来年の自民党総裁選挙にそなえての醜い事前運動であろう。今や自民党の派閥抗争は全く末期的現象を呈している。この責任は自民党の各派閥すべてにある。

河野氏といえども同罪である。自民党の各位が真に心から派閥解消を切望するならば、このいまわしい派閥抗争の責任は自民党衆参両院議員の全員にあることを自覚するであろう。この自覚が生れない限り、自民党の派閥解消は断じて一歩も前進しない。また自民党が派閥抗争に明け暮れている間に、日本の左翼勢力は着々と革命的実力を蓄積して、暴力革命の好機到来を待機している非常事態に気付くであろう」

この派閥解消勧告文は、河野一郎を暗に擁護するものであった。稲川をはじめ、加盟七団体の親分衆は、このような内容の勧告文が出されたことは知らなかった。

この関東会の派閥解消勧告文は、政界に大きな波紋を投げかけた。池田正之輔衆議院議員は、強硬意見を述べた。

「ある特定の団体が特定の政治家をおどしたことはいままでもあったが、暴力団が団結して連名で圧力をかけてくるなどということは、日本の政治史上いままでかつてなかったことであり、世界の文明国の歴史にも例はない。由々しき問題だ」

河野派を除く衆参両院議員は、関東会全体が、河野擁護の意思表示をしたかのごとく受け取り、関東会七団体の粉砕を検察、警察当局に指示した。

関東会と党人派との癒着の危険を感じ取った官僚派が、潰しにかかったのだ。

関東会の解散

年の明けた翌昭和三十九年二月初旬、警視庁内に「組織暴力犯罪取締本部」が設置された。いわゆる「第一次頂上作戦」の開始である。本格的に、関東会と、その加盟七団体の解散をめざして動き出したのであった。

三月二十六日、警察庁は、あらためて錦政会、松葉会、住吉会、日本国粋会、東声会、義人党、北星会の関東会加盟の七団体をはじめ、神戸の山口組、本多会、それに大阪の柳川組を加えた十団体を広域暴力団として指定した。

それまでは現行犯でないと逮捕されることのなかった博打も、非現行でも逮捕される制度に変わった。自民党の治安対策特別委員会でも、さっそく議題に取り上げた。

錦政会にとって、厳しい時代のはじまりであった。

警視庁から広域暴力団として指定された七団体のうち、とくに、児玉の音頭で結成された関東会加盟の七団体は、ねらい撃ちされた。昭和三十九年には、松葉会、住吉会、義人党が大がかりな手入れを受けた。

政治結社錦政会の看板を掲げていた稲川組も、執拗にねらわれた。昭和三十九年、稲川組は四百三十人も逮捕されてしまった。四十年の一月十四日には、五人が賭博開帳容疑で指名手配、十六人が逮捕された。

昭和四十年一月二十四日、ついに関東会は、正式に解散することに決めた。

芝浦の料亭「芝浦園」において日本国粋会の森田政治らの動議により、正式な解散宣言をおこなった。

「関東二十日会」の結成

稲川が総長賭博にからむ事件で三年半のつとめを終えて出た昭和四十七年三月に、稲川会は、六本木に本部事務所を構えた。その直後に、松葉会の大幹部の永作捨己が当時稲川会の理事長であった石井隆匡と会った。

そのとき、永作捨己から話が出た。

「どうでしょうか。近いうちに、稲川さんのみなさん方と、うちの松葉会の主だった者たちとで食事でもいかがでしょうか……」

永作捨己は、稲川の兄貴分である亡き横山新次郎と縁故関係にあり松葉会と稲川会の窓口になっていた。

さっそくおたがいの会の上層部同士が向島の料亭「桜茶屋」に集まり、なごやかな話し合いの時間を持った。

それから間もなくして、日本国粋会からも同様の話が出、おたがいの会の大幹部同士が集まり会食した。

つづいて、住吉連合会の五代目堀政夫総裁からも同様の話があり、住吉連合会と稲川会の大幹部同士が一堂に会しあった。

「それなら、いっそのこと、関東の博徒九団体のトップ同士が、一堂に集まり食事の会を持ってはどうか……」

稲川の提案により、その年の十月二十日、関東の博徒九団体、稲川会、松葉会、住吉会、国粋会、義人党、東亜会、交和会、二率会、双愛会の親分衆や、最高幹部たちが、向島の料亭「桜茶屋」に集まった。

その日の宴の最中に、どこの会からともなく話が出た。

「これから、こういう会を毎月一度持つことにしましょう。そして、各団体の交友、親睦を、いっそう深めましょう」

おたがいの組同士で、無益な血を流し合う愚を、それぞれの組の親分も最高幹部も、いやというほど知っていた。おたがいの組同士の親睦がはかれれば、末端で起こった間違いも、トップ同士の話し合いで食い止められる。

おたがいの組同士の親睦は、どの組も願っていたことだが、それまで実現の機会がなかった。

が、その日をもって、せめて博徒だけでも親睦の会を持つことになったのであった。会の名は、最初二十日に集まったことから関東二十日会と命名された。

それ以後、毎月二十日、夕方の六時から、その月の当番の会が決めた場所で会合を持つようになった。各会から、会長をはじめ最高幹部三人から五人が出席した。

末端での抗争も、その月の当番の組がすぐに仲裁に入り、大きな抗争が火を噴かぬよう押さえた。

もし関東二十日会のメンバーのAの組がメンバーのBの組を狙えば、メンバーの他の組がそろってAの組に向かい合うという強い掟である。いわば安全保障条約のようなものである。

いっぽう、関西や広島などでは、こういう掟はない。それゆえ、敵の組の親分のタマを取れば、組は弱体化するということから、敵の組の親分や幹部を狙い撃ちする。

関西や広島のやくざが、親分の移動において、まるで大名行列かと思わせるほど子分たちが黒背広でゾロゾロ歩くのもそのせいである。

その点、関東の親分たちが移動する時、ゾロゾロと取り囲んで歩く姿は見かけない。関東二十日会の強い掟のせいである。

関東二十日会が結成されて以来、関東でおさまらぬ事件は、ほとんどなかった。

関東二十日会の親睦と友好関係の深さは、日本全国のやくざ団体からうらやましがられていた。

ただし、平成十七年九月には、国粋会が関東二十日会を脱会し、山口組の二次団体となった。そのせいで、それまでの鉄の掟にヒビが入りかねなくなっている……。

第2章

岸信介の密約

政界の掟

「密約は破られるものである」

宏池会会長であり、岸田文雄政調会長を総理にと推している後見人的存在の古賀誠前宏池会会長に、岸田は安倍晋三総理と密約はしないのか、と訊くと笑った。

「政界の密約ほど当てにならないのは、歴史が証明しているでしょう」

歴史的に密約が破られた例が、今回触れる岸信介総理と大野伴睦、河野一郎への密約の前に、吉田茂と鳩山一郎の密約、その後に、福田赳夫と大平正芳の密約がある。

社会では、約束を守るのは当然の掟である。

それなのに自民党の総裁をめぐっては、約束が守られたためしがない。

岸信介総理がいわゆる「六〇年安保」を乗り切る際に抵抗勢力である大野伴睦と河野一郎を自分の側に引き寄せるため次の総理に大野、その次の総理に河野、その次に同席していた岸の実弟の佐藤栄作に、という念書を書いた。

念書を交わすとは、絶対に守らなければいけない掟である。しかも、次の総理を決めるという国家の一大事である。

その念書によって、岸は六〇年安保の改定を乗り切った。しかし、乗り切るや、その念書をあっさりと反故にしてしまった。あきらかに掟破りである。この掟破りは、はたして岸総理の自己保身のためだけであったのか、それとも、国家のための掟破りであったのか。

吉田マクベスに「ひさしを貸して母屋をとられた」鳩山一郎

「日本自由党総裁・鳩山一郎公職追放」の知らせは、幣原喜重郎内閣の外務大臣となっていた吉田茂にとっても、寝耳に水であった。昭和二十一年五月四日の朝、吉田は、麻布市兵衛町（のち六本木一丁目）の外務大臣官邸で、その知らせを耳にした。

しばらくして、外務大臣官邸に鳩山が吉田を訪ねてきた。玄関を入って左の応接間で、鳩山は吉田に頼んだ。

「吉田君、きみがぼくにかわって自由党の総裁になってくれんか」

吉田は、鳩山に総裁を引き受けるに際しての条件を突きつけた。

「おれは、ご存じのように、カネはないし、カネづくりもできない。カネの心配は、きみのほうでやってくれなきゃ困る」

吉田は、一服吹かして、二つ目の条件を出した。

「おれは、政党のことはまったく関係がなくてわからん。政党人事についてはきみがやってくれなきゃ困る。政党は、一切きみの力で押さえてくれ。ただし……」

吉田は、釘を刺すことを忘れなかった。

「人事についていては、干渉してくれるな」

吉田は、また条件を出した。

「それから、嫌になったら、いつでも投げ出す」

なんともわがままな条件だが、鳩山はそれを呑んだ。

「いいでしょう」

吉田は、このときは、長く総裁をする気などさらさらなかった。

鳩山に、軽い気持ちでいった。

「きみのパージが解けたら、すぐにきみにやってもらう」

鳩山は、別に戦争に加担してパージになったわけではない。パージなど、すぐに解けると思っていた。しばらく吉田に自由党をあずけておき、公職追放が解ければ総裁の座をすぐに返してもらえばいい、と、こちらも気軽に考えていた。

この四条件を鳩山は、念のため巻き紙に記しておいた。

が、このときの条件が、のちのち問題になる。吉田は、あくまで条件は三つだと主張している。四番目の「あなたが追放解除になったらいつでも総裁を譲る」というのは、条件ではなかったという。

一方、鳩山は、条件の一つに、間違いなくこのことも入れていたという。それなのに、のちに吉田に「第四条」はなかったと主張され、鳩山は「ひさしを貸して母屋をとられた」と憤ることになる。

が、その四条件を記した巻き紙は、鳩山が麻布のブリヂストン社長の石橋正二郎邸から音羽の鳩山邸に引っ越しをする際に紛失してしまった。あとでいくら探しても見つけ出せなかった。したがって、記録として残されたものはない。歴史の謎として、残されることになる……。

鳩山一郎は、昭和二十六年八月、追放解除となる。が、吉田は密約を守らず鳩山に自由党総裁の座を譲らなかった。それどころか、ひそかに鳩山の追放解除の引き延ばしすらおこなっていたという疑いすらあるのだ。

鳩山一郎は吉田に怒っていた。

「吉田は、とにかく殿様流で、自分に逆らう者はなんでも切って捨てようという精神がにじみ出ている。いいすぎかもしれないが、シェイクスピアの『マクベス』のなかに出てくる化け物のような人だ」

マクベスは王を殺して王位についたが、疑心暗鬼に陥り、次々と人を殺していく。

鳩山は吉田をそのマクベスの姿にたとえたのだ。

反故にされた福田赳夫の密約

昭和五十三年十月二十五日、大平正芳幹事長は岐阜で記者会見した。

「福田（赳夫）総理は、権力志向にならず、有言実行であってほしい」

大平の発言には、じつは裏があった。

この当時、噂が流れていた。

「五十一年十一月、福田内閣誕生前に交わされたという大福密約の覚書がある」

その覚書は、福田が三木武夫のあとを継いで総裁になり、二年後には大平に政権を譲る、という内容のものであるという。

自民党総裁選が近づくにつれて、大平の周辺では「福田さんは二年で大平に譲る密約をしているのだから、当然退陣すべきだ」などと触れ歩く人間まで出てきた。

園田直は、のちの昭和五十四年、大平内閣になってから密約の存在を肯定しており、宏池会の事務用箋に書かれたというその内容が次のように紹介されている。

「一、ポスト三木の新総裁及び首班指名候補者には、大平正芳氏は福田赳夫氏を推挙する。
一、総理総裁は不離一体のものとするが、福田赳夫氏は党務は主として大平正芳氏に委ねるものとする。
一、昭和五十二年十月の定期党大会において党則を改め総裁の任期を三年とあるを二年に改めるものとする。
右について福田、大平の両氏は相互信頼のもとに合意した。
昭和五十一年十一月

福田赳夫（花押）
大平正芳（花押）
園田直（印鑑）
鈴木善幸（花押）」

が、福田は、あくまで「密約はない」と否定、一方の大平側近は、この文面の背景にある四者会談の内容から「あった」と主張している。
大平は、この密約があったことを前提に「有言実行せよ」といったのである。

十一月一日、総裁選が告示された。翌年六月の東京サミットまではなんとしても総理をつづけたい福田、それを阻む大平、さらに中曽根康弘、河本敏夫の四人が名乗りをあげた。それにより、ついに自民党史上初の総裁予備選に突入した。

有権者は党員・党友・国民政治協会個人会員からなり、有権者千人あたりを一点として換算し、端数切り上げによる持ち点の総計を競うことになった。

福田は、この総裁予備選で大平に敗れ、本選出馬を断念。大平が総理の座を摑んだ。密約がいかに無意味であったかを物語っている。

岸信介の使命「安保改定」

昭和三十三年六月十二日にスタートした第二次岸内閣は、抜き打ち会期延長の強行や、警職法単独審議を目論むも廃案となり、野党と妥協しようとするなど、苦境の連続であった。岸信介総理の方針はこのような情勢によって一貫せず、大野伴睦は補佐の任に堪えずとして、副総裁の地位を辞任して身を引こうとひそかに決意していた。

岸信介は、明治二十九年(一八九六)、山口県山口市に生まれた。のちにやはり首相となる佐藤栄作は、岸の実弟である。

岸は、昭和十六年に、東条内閣の商工大臣として入閣。東条内閣の閣僚として「開戦」の宣戦布告に署名。

敗戦後の昭和二十年九月、A級戦犯容疑で逮捕される。巣鴨プリズン（刑務所）で、右翼の大物の児玉誉士夫と知り合う。

岸は、巣鴨プリズンからは出たものの、すぐには政界に復帰できなかった。公職追放になったのだ。

昭和二十七年、講和条約発効とともに、公職追放解除。ついに政界への復帰が可能となった。昭和二十八年四月の総選挙で、山口二区から衆議院議員に当選し、自由党に加わった。

昭和二十九年には、鳩山一郎を総裁とする日本民主党を結成。幹事長に就任。

昭和三十一年には、石橋湛山内閣の外務大臣に就任。そして昭和三十二年二月、ついに首相に就任した。政界復帰わずか四年にして、最高権力の座に就いたのである。当選三回生にして、六十歳であった。

岸は、首相に就任するや、自分に言いきかせた。

〈安保改定を実現することが岸内閣の使命である。それこそが、政治家として、国民に対して責任を果たすことになる〉

先に池田勇人、三木武夫、石井光次郎の反主流三派が閣僚引き上げをやって、いままた主流派の大野が副総裁を辞めれば、孤立した岸、佐藤栄作両派が一日も政権を維持できぬだろうことは、だれの目にもあきらかであった。

このような政治危機に包まれた昭和三十三年の暮れに、党人派仲間の大野と親しい河野一郎が佐藤のところに来た。

河野一郎は、自由民主党の党人派の代表格として権勢を誇り、その政治行動は「横紙破り」と呼ばれた。農林大臣、建設大臣などを務めた。

河野は、ささやくようにいった。

「どうも大野の動きがおかしい。池田と松村（謙三）が画策して大野を引き込もうとしている。しかし、大野は、どうしてもこちらに引き止めておかなければならない。総理から大野に『あとは君に譲る』と一言いってもらえば、具合がいいのだが」

岸は、佐藤からこの話を聞いて答えた。

「そんなことは、できないよ」

「先のことはどうでもいいのだ。とにかく、ここは、一言そういってくれればいい、と河野はいっている」

岸は、引き受けた。

「それでは、会うと伝えてくれ」

大野が昭和三十四年一月五日、岸のいる熱海の別荘へ顔を出すと、そこに河野一郎もいた。

その席上、岸は大野に切々たる言葉で頼み込んだ。

「どうか岸内閣を助けていただきたい。わたしは、太く短く生きるつもりです。いつまでも政権に恋々としていようとは思わない。しかし、いま退陣したのでは、岸内閣は何一つしなかったといわれ、世間から笑われます。わたしは岸政権の歴史に残るただ一つの仕事として、安保条約の改定をしたい。安保改定さえ終えれば、わたしはただちに退陣します。後継者としては、大野さん、あなたがいちばんよいと思う。わたしは、あなたをかならず後継総裁に推すつもりです」

大野は謙遜した。

「総理大臣になるような柄ではないし、そんな野心もない」

事実このとき、大野はまったくそんな気はなかったので、気にもしなかった。

大野は、きわめて淡白に岸協力の要望に答えた。

「佐藤栄作君さえ、今後の言動に気をつけてくれれば……」

岸の実弟である佐藤は、吉田茂の子飼いなので、反吉田であった河野、大野とはそりが合わなかった。

河野は、この席で、岸に訊いた。

「きみはいつまでやる気なのかい?」

岸は、はっきりいい切ったという。

「安保問題だけは、なんとか自分の手で通させてもらいたい」

七人が立ち会った帝国ホテルでの密約

児玉誉士夫は著書『悪政・銃声・乱世』で、このときの河野の動きについて書いている。

「この熱海会談によって、岸・佐藤と、大野・河野の四派の内部事情は一応おさまったかにみえたが、ひっきょう、これはシナ料理でいうと前菜みたいなもので、この程度の話し合いでは、とうてい複雑錯綜した派閥間の暗闘は、そう易々としずまるわけはなかった。

で、それから間もない一月の十日、党内調整という名目で、河野・川島（正次郎幹事長）・福田（赳夫政調会長）の党三役が辞任――というよりも詰腹といったほうがいいだろう――のやむなきにいたり、その結果、とくに河野氏のごときは、岸首相にたいして、これまでにない強い不信感をいだくようになったのである。（中略）

また、こうした河野さんの反岸的うごきに、大野さんが同調したのも、両者の従来の関係からすれば、むしろ当然であったと言えはしまいか。（中略）そこで、主流派に大野・河野の両派をふくめた党内の調整と結束が、にわかに必要となってきた」

一月十六日の夜、帝国ホテル新館「光琳の間」で、大野らはふたたび会った。

岸、大野、河野、佐藤栄作、そこに河野の友人の日本映画として初めてヴェネツィア国際映画祭金獅子賞とアカデミー賞名誉賞を受賞した黒沢明の『羅生門』などの傑作を生みだしている大映社長の永田雅一、北海道炭礦汽船社長の萩原吉太郎、児玉の三人がオブザーバーとして加わった。

この日の会談は、三日夜の熱海での三者会談の仕上げといえるものである。熱海での会談後、河野は内容を永田、萩原、児玉の三人に伝えた。

この三人と河野とは前から親しく、岸もこの三人とはしばしば会っていた。三人は岸内閣に好意的で、岸内閣の存続、強化のために大野を協力させなければならないと考えていた。と同時に、「岸のあとは大野・河野内閣」ということも心の中では望んでいた。

河野から話を聞いた永田は「その話を文書にしてもらえないか」といい、その旨を河野が岸に伝えた。

岸は、約束したことは口頭であろうと文書であろうと、効果には変わりはないと考えていたので、あっさり了承した。こうしてこの日、帝国ホテルに集まることになったのである。

岸は、児玉とは、ともにA級戦犯容疑で「巣鴨プリズン」に入っていた時代からの付き合いであるという。

岸、佐藤兄弟は、光琳の間の席でふたたび大野に頼んだ。

「岸内閣を救ってくれ。そうしたら安保改定直後に退陣して、かならず大野さんに政権を渡す」
大野によると、佐藤までが手をついて頼んだという。
しかも、岸は口約束では信じられないならば、はっきり誓約書を書いておこうとまでいいはじめた。
その部屋には墨筆がないので、秘書を呼んで、筆、硯、墨に巻紙を取り寄せさせた。まず岸みずからが筆をとり、後継者に大野君を頼むという文書をしたためた。しかも、大野の次は河野、河野の次は佐藤、という政権の順序まで約束したのである。
その文面に、四人の署名がおこなわれた。
「昭和三十四年一月十六日、萩原、永田、児玉三君立会の下に於て申し合わせたる件については協力一致実現を期することを右誓口約する。
昭和三十四年一月十六日
岸信介
大野伴睦
河野一郎
佐藤栄作」

岸は、署名を終えると、念を押した。

「約束は守る。ただし約束が実現するためには、あなた方がわたしに全面的に協力することが前提である。これは、わたしとあなた方との約束である。もしもあなた方がこの約束をたがえたなら、この誓約書はその瞬間に反故になるとご承知いただきたい」

出席者は、みな了承した。

「わかった」

この念書は、萩原が自分の経営する北海道炭礦汽船の金庫に保管しておくことになった。

この帝国ホテルの会合で、大野と河野の協力をとりつけた岸・佐藤兄弟は、ようやく危機を脱することができたのであった。

大野は、このときの申し合わせにしたがって、党内収拾に乗り出した。

しかし、佐藤は、この政権密約について松野頼三に打ち明けていた。

「兄貴も、軽率だねえ」

池田と河野、反目する二人

一月二十四日午前十時半から大手町のサンケイホールでひらかれた党大会で、自民党総裁を公選した。

岸信介　三百二十票

松村謙三　百六十六票

白票　十票

総裁には、岸が選ばれた。

六月二日、第五回参議院議員選挙がおこなわれた。自民党は、五名増の七十一議席を占め、社会党は七名増の三十八議席を獲得した。参院選で勝利した岸は、党・内閣改造人事にとりかかった。

内閣改造、党役員人事にのぞむにあたり、岸が主眼としたところは、いかにして改定安保条約の批准を円滑に実現するかであった。そのためには、党内の結束が絶対の条件であった。社会党とはどんなに話し合っても了解を得ることは不可能であった。安保改定は、自民党だけでおこなわなければならなかった。

岸は、かねてから池田勇人、佐藤栄作、河野一郎、三木武夫の四人を、次の保守政界を担う人材と思っていたので、この人事にあたってもできるならばこの四人の一致した協力を望んでいた。

この参院選の最中から大野副総裁の案として「河野幹事長、池田総務会長、佐藤政調会長」が取り沙汰されていたが、河野は幹事長のポストに執着していた。

しかし、岸には、そんな気持ちはなかった。河野には、もちろん入閣してもらうつもりであった。第二次岸内閣を組閣した際、実弟の佐藤栄作を大蔵大臣に起用したことから「岸兄弟内閣」という批判が出ていた。それをかわすために、ほかの実力者といわれる人にも入閣してもらいたかった。ただ河野、池田二人の協力を同時に取りつけることは不可能な情勢であった。二人の反目は凄まじく、二人が手を取り合って岸を助けるなど、とうてい期待すべくもなかった。

池田は広言していた。

「河野とは、倶に天を戴かず」

岸は、二人のうちどちらをとるかの決断に迫られた。その場合どちらにするのかについては、岸の肚は前から決まっていた。河野である。

〈これまでの交友関係からいって、河野さんの協力を得たい〉

岸は、最初に河野を呼んで誠心誠意、説得にかかった。もしも河野が了解すれば、池田との対立が決定的になるのは覚悟のうえである。

岸は、河野を説いた。

「今度はいよいよ安保条約を締結し、これを完成する最後の内閣だ。したがって、挙党一致のものにしたいので、幹事長に固執しないで、ぜひ入閣してほしい。とにかくきみと池田の両方に入ってもらいたいが、池田はきみと席を同じくすることを承諾しないようだから、きみが入れば池田は入らないだろう。きみがどうしても入閣しないというなら、わたしは池田を説く。そうすれば、池田はかならず内閣に入る。池田君をぜひ閣内に入れたいけれども、もし万が一、池田君が入らなくても、きみだけは、ひとつ入閣してくれよ」

しかし、河野は、頑として入閣を拒んだ。

岸は、重ねて説いた。

「きみが入閣してくれれば、池田君が閣内に入らなくても、それでいいんだ。しかし、きみがどうしても承知しないなら、きみは外に弾き出されるよ。党の執行部については、おれはすでに決めたんだから、いまさらこれを動かすわけにはいかない。きみが入閣しないとなれば、きみは、内閣と執行部のどちらからも出ることになるが、それでいいのか」

河野は、まるで池田の動きを読んだように言った。

「総理がどんなに池田君を説得しても、彼は承知しないと思う。もしもそういうことになったら、もう一度わたしを呼んでほしい」

池田は、初めから安保条約の改定にあまり積極的ではなかった。しかし、岸は、池田が入閣してくれれば、背後における吉田茂の影響力をもって池田が安保改定に協力してくれると踏んでいた。

半年しかもたなかった誓約書の有効期限

一方、大野、河野、萩原、永田、児玉の五名が帝国ホテルに集まっていた。かつて同じ帝国ホテルの「光琳の間」で「大野次期総理」の誓約書を交わしたとき、その席にいたメンバーである。この五名が、池田の入閣について問答をくり返していた。その最中、外部からの電話で、いよいよ池田の入閣が決まったとの連絡が入った。部屋の空気が、とっさに緊張した。大野も河野も、さっと顔つきが変わった。たがいに無言のまま面を見合わせた。

岸は、この改造人事が、河野の分かれ目でもあったと見ている。

結局、新たな岸体制は、主流派が岸信介、佐藤栄作、池田勇人、大野伴睦、石井光次郎各派となり、反主流派は、河野一郎、石橋湛山、三木武夫、松村謙三派となった。岸は、この体制で安保改定に取り組むことになった。池田、益谷秀次らが入閣したといっても、これらの人たちが心からの主流派とはいい切れなかった。河野とは、袂を分かったような格好になったが、河野を完全な敵には追い込みたくなかった。またそういう気にもなれなかった。このような情勢になったため、大野副総裁の比重が高まることは避けられなかった。

が、河野がさらに、倒閣の動きまで見せるようになると、岸は決心した。

〈理由はともかくこれはあきらかに約束違反だ。例の誓約書は反故にするしかない〉

結果として〝誓約書の有効期間〟は、半年足らずでしかなかった。

岸は苦々しく思った。

〈政局の舞台裏における一場の茶番劇にすぎなかったな……〉

ただし、これはあくまで岸の思いであった。大野側はなおこの密約は生きていると思い込みつづけていた。大野は、誓約書は、公にすれば、政権を私議したとの非難を受けることを知っていた。だから最後まで、こんな約束のあることを公表したりはしなかった。

次々に乱発された「次期総理」という空手形

年の明けた昭和三十五年（一九六〇）一月六日、藤山愛一郎外務大臣とマッカーサー駐日米大使の会談で、安保改定に関する交渉は正式に妥結した。

一月十四日の閣議で新条約本文、付属する交換公文、議事録、新行政協定草案などを正式に決定し、あとは調印を待つだけとなった。

しかし、自民党内では、岸退陣の動きが活発になっていた。河野は早くも一月四日に、かねての持論をぶち上げた。

「安保改定が実現したら、岸は退陣すべきである」

岸と大野副総裁は、一月十日に静岡市でひらかれた自民党東海地区大会に出席した。岸は、河野に反論するかのように言い切った。

「総裁としての任期は来年一月までである。それまでは、総裁の地位にとどまる」

一方、静岡から伊勢神宮参拝に向かった大野は、その夜、三重県二見町で今後の読みを語った。

「党大会は、新条約が批准された直後、すなわち、今年の六、七月頃開催されることになろう」

岸は、この大野の発言の裏を読んでいた。

〈河野の安保花道論と軌を一にするもので、「岸の次はおれだ」という大野の意思表示だともいえる〉

このように党内の主導権確保をめぐる各派の思惑が表面化し、このため三十五年度予算案の決定は難航を重ねた。当初の年内決定の予定が大幅に遅れて、一月十三日にやっと決まったほどであった。

なお、大野は、昭和三十四年暮れに、妙な噂を耳にした。

「最近、岸は、吉田茂元総理を立会人に、池田に『政権はきみに譲る』との密約をむすんだ」

大野は、岸が後継総裁を譲るという三枚目の手形は、石井光次郎にも渡されたと睨んでいる。新安保条約調印全権団の構成についても、党内は揉めていた。大野は、全権団への参加を打診されたが断った。そのため、岸はやむなく、石井に次期政権を約束して、全権就任の受諾を得たのだともいわれている。

岸三選をめぐる攻防

岸は、二月十八日に帝国ホテルでひらかれた岸、藤山両派の朝食会に出席した。

岸は、この席で言明した。

「安保改定で、解散はしない」

岸は、解散をしないことがはっきりすれば、あとは何がなんでも新条約の批准にこぎつける以外に道はなかった。

この情勢は、河野、三木、石橋などの反主流派を勢いづけた。岸が安保改定の実現に政治生命を懸けていることは周知の事実であり、実現させたいのならこれこれの条件を呑めというゆさぶりを、気楽にかけることができるからである。

その条件の最大なものは「三選に立候補しない」という言質をとることである。三木、河野、石橋派はそこに焦点を絞って画策しはじめた。安保改定とはまったく無関係の〝岸三選〟をめぐって、攻防が展開された。

岸は、新条約が国会審議にかけられたこの時期、池田にいろいろ相談した。昭和三十四年六月の内閣改造で河野が閣内に入らず、池田が入閣してくれた以上は、だれが考えても池田はポスト岸のもっとも有力な候補の一人であった。

ことに池田は、吉田茂の直系である。

岸は、池田に頼んだ。

「きみの近くにおり、ぼくに反対する連中をなるべく安保成立のために協力させるよう、力を添えてもらいたい」

池田は、反主流派の三木派、松村派の松村謙三や、岸とあまりウマの合わない石橋派の石橋湛山と親しかった。その意味でも、池田の力を頼りにしていた。

岸自身は、岸批判を強める石橋とは接触しなかった。なにしろ、石橋派の人数は少ない。安保を通す際には、石橋の力を気にする必要はなかった。その点、池田派は大所帯である。政治は、数がものをいう。

岸は思っていた。

〈岸派、佐藤派を中心にして、池田派、大野派、石井派、さらには河野派をいっしょにして主力にしたい。三木派、松村派と石橋派は手をつけない。仮に三木派、松村派、石橋派が野党といっしょになっても、こちらは圧倒的多数で新条約を通そう〉

次々に空手形を切ることで当面を糊塗しながらも、岸内閣は最後の難局、すなわち通常国会での新安保条約審議に入った。

ところが、岸および岸派、佐藤派の議員は、新条約成立必至と見て、安保批准後も総裁三選に出て、もう、一、二年政権の座を楽しもうと考えだしたらしく、三選のための裏面工作をはじめた。

大野は、空手形乱発の噂を耳にしながらも、その噂を信じなかった。

〈男が帝国ホテルで誓約書まで書いたのだから、約束を反故にすることはあるまい〉

が、三選工作が積極化するにつれ、大野もさすがに岸を疑いはじめた。

〈これは、おかしい……〉

河野一郎は、「もう我慢がならない」と、公然と岸内閣を攻撃しはじめた。

そこで、大野と川島幹事長とが何回も相談した。

三月十三日、大野と川島は、「岸君と会って話を確かめよう」ということになった。

岸は、その日、ただちに帝国ホテルで、三人で会う約束をした。が、岸の車が、毎日新聞政治部記者に尾行され、撒くことができなかった。そのため、岸は日比谷まで来たが引き返してしまった。会談は流れ、三月十五日に延期された。

岸は、十五日の夜、マスコミ対策として各新聞社の政治部長を千代田区紀尾井町の料亭「福田家」に招き、接待していた。午後九時にこの席を中座して、別室で大野と川島に会うことになっていた。

大野は、岸の着想を面白く思った。

〈もっとも秘密を要する会談を、事もあろうに新聞関係者招待の夜、同じ屋根の下でやろうとは。灯台もと暗し、といったところだな〉

岸は、大野と川島と別室で会うや、はっきりといった。

「三選出馬など、毛頭考えない。新条約批准後は退陣し、バトンは大野さんに渡す」

例の誓約書を再確認した。

大野と川島は、この話を河野に伝えた。

河野は、三月十七日朝、渋谷区南平台の岸邸を訪ねた。

河野は、岸に協力を約束した。岸は、河野の変化を読んだ。

〈吉田、佐藤、池田会談がおこなわれたことを知り、戦況不利と見てとった河野君一流の変わり身の早さだな〉

ただ、河野の協力は、無条件、全面的なものではなかった。河野は、岸に訊いた。

「今日の話し合いで岸さんは三選に立候補しないという〝印象〟を受けた、と新聞記者に話していいか」

岸は答えた。

「個人の印象まで、指図はできない」

河野は、さっそく新聞記者に談話を発表した。

「岸さんは三選を断念したようだ。だから、全面的に協力することにした」

岸は、河野談話を耳にし思った。

〈馬鹿馬鹿しいといおうか、とにかく愚劣な話だ。安保改定と三選とは、何の関係もない。それに、〝三選に向けて、立候補すると決めたわけではない〟ということが、〝三選断念〟にただちにつながるものでもない。一国家、一民族の運命を決める重大

時期に、自分の打算や面子を主とした発言は不謹慎、不見識といわざるをえない〉

岸は、この河野の態度に不信感を抱いた。

〈こんな調子では、風向きの如何では、どう変わるかあてになるものではない〉

三選問題に対し、岸は、決意したことも断念したこともなかった。このとき、安保改定を実現すること以外は念頭になかった。

〈安保改定が実現した段階において、自分にひきつづき総理・総裁をやれというのであればやるし、辞めろというなら、辞めるだけの話だ。どちらにしても、そのときの情勢に任せる〉

ただし、このときもまた、大野と河野は、次の政権は、誓約書どおり自分たちに来ると思い込み、まんまと岸にだまされたことになる。

強行採決の五月二十日の朝、河野派、三木派、松村派がそれぞれ会合を開き、「反岸」を明確に打ち出した。

五月二十一日の池田派の会議でも、政局転換論が大勢を占めた。

こうした中で、まず岸は、五月二十一日に大野と会談をおこなった。

大野は、強行採決後、岸に言った。

「これ（新条約の採決）は、天佑だよ。こんなにうまくいくとは思わなかった」

なにしろ、一度の騒ぎだけですんだ。新たに条約を採決するということになれば、さらにまた騒ぎとなっていたはずである。

衆議院の採決が終われば、参議院は議決がなくても憲法第六十一条で認められている衆議院の優越により、三十日間たち、アイク訪日となったまさにその日、六月十九日に自然承認される。岸は、大野に党内のとりまとめを頼んだ。

「あまり党内がガタガタするとか、派閥抗争が激化して自民党の足並みが乱れるとかいうことのないよう」

池田政権の誕生

岸は、六月二十三日午前十時からひらかれた臨時閣議で発言した。

「人心一新、政局転換のため、総理を辞める決意をした」

臨時閣議での岸の辞意表明を機に、次期総裁問題が浮上した。

岸は、実は大野を後継総裁には考えていなかった。党内で、大野の支持者はなかなか増えない。「総理の器じゃない」という議論があった。「大野を総理にするということは、床の間に肥担桶を置くようなものだ」という厳しい声すらあった。

一方、大野は、帝国ホテル「光琳の間」で交わした密約をなお信じていた。

〈まさか、おれの敵にまわることはあるまい〉

この手形を表へ出せば「政権を私議した」と世論の非難を受けるだろう。したがって、これを決め手としようとも思わなかった。

七月八日には、大野伴睦が、九日には、池田勇人、石井光次郎、藤山愛一郎、松村謙三が名乗りをあげて、自民党内は騒然としてきた。

大野は、明日はいよいよ総裁選、という七月十二日の夜遅く、闘い終わったさっぱりとした気持ちでいた。何人もの同志は、徹夜でなお闘いつづけているはずであった。夜もふけ、床につき、七月十三日に入って午前二時過ぎ、ようやく大野の寝室は、大野一人になった。

〈勝敗は、もはや天運に任すのみ〉

大野は寝入ってまもなく、同志の村上勇、水田三喜男、青木正の三人に起こされた。三人は、疲れ切っている大野を起こすことに、だいぶ躊躇したらしい。だが、ぜひ伝えておかなければ、という大事なことがあった。

青木が伝えた。

「つい先ほど、川島幹事長に呼ばれて内幸町の帝国ホテルに行ってみると、石井派の灘尾弘吉がいた」

青木が伝えるところによると、灘尾が深刻な顔で青木にいったという。

「参議院の石井派が池田派に切り崩され、総崩れになってしまった。決選投票になれば、二十ないし二十五票しか大野支持に回らない。これでは、お約束と違い、ご迷惑をかけるかもしれぬ」

党人大野率いる大野派と石井派とのあいだには、官僚派に対抗するために上位優先の盟約があった。大野と石井と、どちらでも第一回投票で上位を占めたほうに、決選では下位の派があげて投票するという約束である。

前夜の十二日までの票読みでは、大野は、百七十から百八十票を取って第一位となる確信を得ていた。石井派によると、石井は、十一日夜には百五十六票、十二日夜は百六十五票と公表していたが、それはあまりにも水増し票だった。現に、十三日朝、石井陣営の総員は七十八名にすぎなかった。約束どおりにいけば、決選で大野は過半数を得るはずだった。多少脱落はあっても「大野・石井連合軍」のほか、石橋派、中間派などからの散票や、藤山派からの流票も予定されていた。

水田も、大野に報告した。

「藤山派の票も、岸の猛工作の結果、ほとんどが池田に流れることになった」

これでは、第一回投票でたとえ大野が一位になることはできても、参議院の石井支持派には大野反対が多いので、決選で池田には勝てないことは明瞭である。

三人につづいて、やがて川島正次郎も大野の寝室に来た。

五人で、論議した。その結果、決まった。

「官僚派による〝岸亜流政権〟を阻止し、党人派結集のために大野さんが降りて、大野さんの支持票を石井さんに与える以外にない」

大野の支持票は結束が固く、大野が降りても一本になって石井に集まるが、石井が決選に残らなかった場合、石井の支持票の大部分は大野派との盟約を破り、池田に投じられるという見通しだったからである。

二倍以上の票を持ちながら、しかも自分の派閥の結束が固いというゆえに、下位候補の石井のために、その多数の票を投じ、立候補を辞退しなければならぬという矛盾した論理を、大野は涙を呑んで承認しなければならなかった。

大野の脳裏には、これまで不眠不休で働いてきてくれた何十人もの同志の顔も次々浮かんだ。

〈物心ともに後援していただいた人々に、なんとお詫びしようか〉

大野の五十年にわたる政治生命を懸けた闘いだったゆえに、大野の脳裏にはこの闘いの一つひとつがくっきりと浮かび上がった。

しかし、すべてを押し殺していまは次善の策、すなわち〝石井総裁〟を勝ちとるために、身を捨てねばならないと決めた。

党大会は、七月十四日に、日比谷公会堂でおこなわれることになった。官僚派の池田勇人、党人派の石井光次郎、それに藤山の三人であらためて雌雄を決することになった。午後一時から自民党大会がひらかれ、総裁選挙がおこなわれた。

投票の結果は、池田二百四十六票、石井百九十六票、藤山四十九票であった。

だれも過半数の票を獲得できなかったので、一位の池田と二位の石井とで決選投票がおこなわれた。決選投票では、岸は、石井支持、藤山支持であった岸派の議員を池田陣営に持っていった。

池田三百二票、石井百九十四票であった。こうして池田政権が誕生した。

岸刺される——密約反故の代償

この日の午後二時過ぎには、池田自民党新総裁の祝賀レセプションが総理官邸中庭でおこなわれた。

岸総理は池田新総裁を会場に迎えて握手。ビールジョッキを掲げて、おたがいに万歳をとなえあった。それがすむと、岸総理は用事のために官邸内に入った。

午後二時二十分頃、そこへ自民党員の大会バッジをつけた白開襟シャツの小柄な壮士風の男が、握手を求めるそぶりで横から近づいてきた。

それに応じようとした瞬間、岸は、「オオッ」と声をあげ、後ずさりした。

岸には警護の警官二人がついていたが、代議士といっしょに話しながら歩いてきた老人をすぐさま暴漢とは気づかなかった。

男がいきなり手に持った刃渡り十五、六センチの登山用ナイフで、岸の左太腿を二度、三度、まるでフェンシングのような構えで突き刺したのである。

男は逃げようとした。が、まわりにいた人に取り押さえられた。

岸は、右手で犯人を指さし、何か叫ぼうとした。が、声が出ない。左手で押さえた左腿の傷口から、赤い血の滴が赤い絨毯の上にボタンと落ちる。みるみる鮮血が茶色い背広のズボンを伝い、足元にどす黒い血だまりをつくった。

岸は、三、四人に担がれ、官邸の玄関に運び出された。岸は、白眼を剝き、口を開けて放心したようであったという。

老人は池袋で薬屋をいとなむ当時六十五歳の荒牧退助。戦前、右翼団体「大化会」が発足したときには、児玉誉士夫とともに幹部として名を連ねていた。

犯行の動機は「国会乱入事件などの騒ぎは、岸総理の政治のやり方がいい加減なためで、政治家に反省をうながす意味で岸総理をだれかが襲撃するだろうと思っていた。しかしだれもやらないので、自分がやらねばだめだと決心した」というもので、十三日朝にも刺すつもりで大手町のサンケイホールに行った。が、岸総理が姿を見せなかったので、未遂に終わっていた。

捜査当局は荒牧の背後関係を徹底的に調べ上げ、自宅からある人物の名刺を押収した。その人物は大野伴睦に近い右翼の大物の系統だったが、捜査はそれ以上は進まなかった。

荒牧の犯行の真因は、岸が大野に内閣への協力の代償として後継総裁に推すことを約束した、いわゆる「密約」を反故にしたためといわれている。

『岸政権・一二四一日』の著者大日向一郎の調べによると、警戒厳しいレセプションに荒巻が出席できたのは、当時大野の秘書で、のち科学技術庁長官の中川一郎に招待状をもらっていたからという。

なお、岸信介の秘書をつとめた久保ウメから筆者が聞いたところによると、岸は彼女にこう語ったという。

「荒牧は、さすがにプロだな。太腿は、ヘタに刺すと死にいたる。が、あくまで命は取らないで脅しの意味で刺したのだから、深手にならないように刺している」

岸の傷は、全治二週間であった。

おどろくことに、久保ウメによると、岸は、荒牧の服役中、「家族が生活に困るだろう」と、荒牧の家族に生活費を出していたという。

清濁併せ呑んだ、岸の懐の深さともいえよう。

第3章

高倉健

映画界の掟

「所属スターは、他の映画会社の映画に出てはいけない」

映画界には「五社協定」というきつい縛りがあった。

たとえば東映の役者が東宝の映画に出演することは御法度である。そのためその掟を破った女優の山本富士子、田宮二郎は映画界から干されるという事件が起こった。

東映の高倉健は、東映の生え抜きで、東映で大スターにしてもらった。やくざ映画『日本侠客伝』『昭和残侠伝』『網走番外地』などシリーズ物も多い。

鶴田浩二と二枚看板にまでのし上がった。

ところが、高倉はその東映を去り、フリーとなる。高倉は東映にいながら他社の映画に出演するという「五社協定」を破ったわけではないが、東映に育ち東映のスターとして輝きながら東映を去ったのである。ある意味の掟破りといえよう。

しかし、もし東映に残り続けていたら、やくざ映画のスターの殻を破れず、後年の『八甲田山』、『幸福の黄色いハンカチ』、『駅　STATION』、『海峡』、『居酒屋兆治』、『夜叉』などの傑作は生まれなかったであろう。

五社協定の壁を破った石原裕次郎の『黒部の太陽』

映画界には五社協定があり、この協定は映画界にとっては何よりも強い掟であった。

その五社協定によって会社と対立し、当時の大映の大スター、山本富士子と田宮二郎が、映画界から追放されるという事件もあった。

昭和三十八年、大映の看板女優・山本富士子が他社出演の許可と出演本数を少なくするという契約時の約束を守るよう求めたところ、社長の永田雅一は立腹して彼女を解雇し、五社協定によって他社の映画や舞台にも出演できないようにした。

昭和四十三年、永田は映画ポスターの出演者序列問題で看板俳優の田宮二郎を一方的に解雇し、五社協定によって他社の映画や舞台にも出演できなくしている。しかし、山本・田宮はわずかな雌伏期の後、テレビや舞台へと転身を果たす。が、山本はその後一度も映画に出演していない。

石原裕次郎もこの掟に悩まされることになった。

石原プロは、興行的には振るわなかった。

石原裕次郎が、大ヒットを飛ばすために次に考えたのが、国際スター三船敏郎との共演であった。

三船敏郎は、東宝の黒沢明監督とのコンビで、『酔いどれ天使』、『羅生門』、『七人の侍』、『用心棒』などで、日本のみならず、世界のミフネとして活躍していた。

三船は、石原裕次郎より半年早い昭和三十七年七月に、『三船プロダクション』を設立していた。

裕次郎が、石原プロを設立したとき、すぐに事務所の門を叩いたのが、三船であった。裕次郎は、そのときから、「三船さんとやりたい」とまわりの者に言っていた。

東宝と日活の看板スター同士の共演——これは、どちらの会社が配給することになっても、五社協定に真正面からぶつかることになる。

二人は、一夜、酒を浴びるほど飲み、あらためて約束しあった。

「三船さん、このままでは引き下がらないぞ。日本映画界を蝕んでいる五社協定を二人で、かならずや打ち破ってみせよう」

「おう、裕ちゃん、やろう！」

『黒部の太陽』は、木本正次原作の関西電力黒四ダム工事の実録を、映画化しようというものである。

映画の製作に、大手五社から、さまざまな圧力が加わった。まず、妨害の第一弾が、関西電力本社めがけて飛んだ。大手五社のうちの二社の映画会社の首脳二名が、関電の芦原義重社長を訪ねて、忠告めかして石原プロと三船プロを中傷したのである。

が、四十二年五月九日、ホテル・オークラで日活映画『日本列島』で社会派の作家として認められていた熊井啓を監督にすることを記者会見の席で発表した。

日活の堀社長は、すぐに、『熊井監督解雇』を発表した。

堀社長は、「自分の社員を、無断で使うとは何ごとか！」と怒ったのである。

熊井監督の解雇は、『黒部の太陽』を日活で配給しないことを意味した。

三船は、『黒部の太陽』に参加するかしないかで、悩みに悩んだあげく、何回も裕次郎に電話してきて、言った。

「やはり、出られない……」

裕次郎は、その電話を聞いて、泣いた。

石原慎太郎も、石原邸に電話で呼び出され、裕次郎に泣きつかれた。裕次郎に泣きつかれたのは、久しぶりのことであった。おたがいに大人になって初めて聞く弟の涙声であった。

慎太郎は、弟の涙する声を聞きながら、凶暴な衝動に駆られていた。

慎太郎は、考えに考えたあげく、妙案を思いついた。

慎太郎は、すでにこの企画に参与してくれていた関西電力の岩永訓光常務に面会を求めた。

慎太郎は、事情を打ち明け、提案した。

「五社が、頑なに妨害をつづけるならば、関電以下、黒部に参加した日本の代表的なデベロッパーで、フリーブッキングの映画館と、上映装置のある各地の公共施設を半年間契約して押さえ、出来上がった映画の配給を独自におこなってもらえませんか」

参議院選の全国区で、鹿島建設は、社長の鹿島守之助と、女婿の平泉渉の二人を当選させていた。黒部トンネルの完遂という大事業は、数百万にのぼる集票を可能にした鹿島建設だけではなく、それに勝るとも劣らぬ大成建設、間組、熊谷組、その他十指に余る日本の代表的なデベロッパーが参加し、さらに関電という関西財界の雄がその主宰者となっていた。彼らが、事業者としての大きなプライドを持っているのは当然のことで、彼らにすれば参院の候補者の集票をするよりも、自らが行った大事業の記録の映画に社員をふくめた関係者を動員することのほうが、はるかにやさしい仕事のはずである。相手も、胸を叩いて提案を受けてくれた。

「石原さん、いざのときには、やらせてもらいましょう」

その感触を確かめたうえで、慎太郎は、三船に強い影響力を持つと言われるシナリオライターと、東宝の重役だった森岩雄と、藤本真澄に、迫った。

「五社が、この作品をあくまでボイコットするならば、わたしの主張する代案に沿って映画を製作し、配給する用意がある」

それは、旧弊な五社に対する居直りであった。いや、一種の強迫であった。

慎太郎の強迫は通った。東宝が基軸となって、他の四社の説得にかかった。

七月二十八日、映画理事会で、日活の堀社長は東宝との話し合いの結果、日活配給を決めたと、記者会見した。

「配給は、日活、ロードショーは、東宝、熊井監督の解雇は、撤回する」

熊井監督は出向というかたちとなり、のびのびと監督をやれた。

『黒部の太陽』は、昭和四十三年二月十七日に封切られ、大ヒットした。

『黒部の太陽』は、五社協定という強固な掟を破ったのである。

中村錦之助のピンチヒッターに抜擢された高倉健

東京撮影所の所長であった岡田茂は、昭和三十九年二月、二年五カ月ぶりに京都撮影所に帰った。

岡田は、京都撮影所の実体をあらためて調べてみて、肚をくくった。

〈このままの旧態依然たる時代劇のままでは、京撮は泥船のように沈むだけだ。だれにどう恨まれてもいい。大手術が必要だ……〉

岡田は、まず京都撮影所でも任俠映画をつくることにした。彼は、同じ任俠物でも二種類ある、と考えた。

〈ひとつは、やくざという未知の世界を、客の前に初めて見せる暴露的なものだ〉

それをもっと突き詰めていくと、指詰め、兄弟盃、襲名披露などがある。それらをひとつずつやっていくだけでシリーズ化できる。

〈いまひとつは、内田吐夢監督の『飛車角』にあった情の世界だ。やくざ物の情の世界がうまく描ければ、新しい時代劇がつくれる……〉

情の世界の脚本は、笠原和夫に決めた。笠原は、『新飛車角』の脚本で任俠物の実績があった。岡田は、笠原に注文を出した。

「群衆劇でいきたい。その線で案をもってこい」

笠原は、二種類のプロットをつくると、岡田に持って行った。

「ひとつは、黒沢明の『七人の侍』を下敷きにしたものです。つまり一度解散した組が、ひとつひとつの事件をきっかけにまた集まってくる。七人のやくざが、もとの家にもどって戦う。もうひとつは、『忠臣蔵』です。親分がやられてその仕返しをする話です」

「どちらがいいと思うか?」

「マキノ光雄さんから聞いたんですけど、映画が当たらないときには、『忠臣蔵』をやるべきだ、といいます。いまは『忠臣蔵』を下敷きにやるべきだと思います」

タイトルは『日本俠客伝』、監督はマキノ雅弘、プロデューサーは俊藤浩滋、それに日下部五朗をつけ、主演は中村錦之助と決めた。

プロデューサーの俊藤は、若いときやくざの五島組の親分にかわいがられていたから、まわりのプロデューサーたちより、俠客の世界にはくわしい。俊藤は燃えた。

〈おれにうってつけの企画や……〉

ところが、錦之助が突然「出ない」といいはじめた。

田坂具隆監督の『鮫』に出演していたが、当初の予定より延びに延びていた。そのスケジュール調整がむつかしいうえ、文芸路線から急遽任侠映画という内容も気に入らなかった。錦之助は、昭和三十九年五月、京都撮影所の俳優二十七人が結束してつくったクラブ組合の代表となっていた。錦之助にとって、任侠映画は、いかにも反動的に映った。

岡田は、プロデューサーの俊藤とマキノ監督にいった。

「錦之助のピンチヒッターに、高倉を使おう。『飛車角』の宮川役の高倉はなかなかよかった」

「わかりました。試しにやってみましょう」

俊藤浩滋プロデューサーが映画評論家の山根貞男との共著『任侠映画伝』で、高倉を口説くいきさつについて語っている。

『昭和三十九年、場所は大泉にある東映東京撮影所の所長室。『日本侠客伝』の主演をやってもらおうと、私は彼に会いに行ったのだった。

「今度、京都で『日本侠客伝』というのをやるんだが、出れくれへんか。面白いホン（脚本）やと思う」

私は内容を説明していろいろ言うたが、むこうは「はい」「はい」と答えるだけで、イエスともノーとも言わず、なんか上の空の感じだった。そもそも私に会うのさえ、渋々というふうに思えた。いったい私に対してどんな印象を持っていたんやろう。敬遠するというか、うるさいやつやから仕方がない、という感じだった。

「じゃあ、ホンを読ませてください」

「うん、とにかく頼むよ」

私は脚本を置いて帰ったが、彼はほとんど乗っていなかった。

ところが明くる日、電話がかかってきた。

「ぜひやらせてください」

ところが、いざ高倉に演技をさせてみて、マキノ監督も俊藤も頭を抱えこんだ。日本刀を持って斬りこむ高倉の姿は、まるで野球選手がバットをぶら下げてバッターボックスに立っているようではないか。

しかも三白眼であった。

鶴田浩二と高倉健という東映二枚看板

ところが、この三白眼が、逆に活きた。俊藤は語っている。

『映画界では昔から、三白眼の役者というのはスターになれんといわれていた。ワルの役なら別やけれど。逆にいうたら『暴力街』では三白眼で槍の穂先を持って殺し合うところが良かったわけで、健ちゃんはいままでのスターにはなかった魅力を感じさせた』

俊藤は、その高倉の雰囲気に、親しい鶴田浩二とは違う味を見ていた。

これまで、三白眼の役者は出世しない、といわれていた。が、高倉の三白眼には、〈高倉の三白眼には、どこかリアルなところがある〉

テロリストの持つような殺気があった。その眼が独特のリアルな迫力を生んでいた。

鶴田ほど博徒を演じられる役者はいなかった。彼には、やくざ者としての男の陰の部分、哀愁が滲んでいた。やくざ者がいつも孤独であることを、これまでの人生でやくざ者との関わりのなかで眼にしてきた俊藤にとって、鶴田ほどその孤独を演じきれる役者はいないと思われた。鶴田には、男の色気もあった。

が、高倉は、鶴田のような本物のやくざの哀愁こそないが、鳶職などの俠客を演じさせると、独特の迫力があることがわかった。

岡田も、『日本俠客伝』の試写を見て、よろこんだ。

「これは、いける。高倉のリアルな迫力も、なかなかええじゃないか」

岡田は確信していた。

〈これまでの時代劇の立ち回りに飽きていたお客を、高倉で引きつけることができる……〉

高倉健主演の『日本俠客伝』は、昭和三十九年八月十三日に封切られるや、爆発的にヒットした。

岡田は、俊藤にいった。

「鶴田で〝博突打ちシリーズ〟、高倉で〝俠客シリーズ〟をやろう。頼むで」

岡田の狙いどおり、鶴田は『博徒』で、高倉は『日本俠客伝』で、いちやく任俠映画のスターとなっていく。

このシリーズは、第十一作までつくられる。

唐獅子牡丹

高倉健は、さらに『網走番外地』も代表作としていく。俊藤が昭和四十年の正月映画としてオールスターで企画した『顔役』に挿入した『網走番外地』の歌を石井輝男監督が耳にとめ、その歌をもとに企画された映画であった。

『網走番外地』の第一作は、昭和四十年四月に封切られた。初日から大ヒットになった。

『網走番外地』は、すべて石井が監督し、第十作までつくった。

高倉は、鶴田とならぶ押しも押されぬ大スターとなった。

高倉は、さらに『昭和残俠伝』にも出演する。第一作は、昭和四十年十月一日に公開され、大ヒットとなる。

『昭和残俠伝』も、その後九作までシリーズ化され、任俠スター・高倉健のイメージを決定づけることになる。

『日本俠客伝』は時代劇的な要素が強いのに対し、『昭和残俠伝』のほうはズバリやくざを描く現代ものとして企画した。鶴田浩二で『陣徒』シリーズをやっていたから、高倉健でも正真正銘のやくざの映画を、という狙いであった。それも、義理と人情のしがらみを究極までぎりぎり追い詰めていって、どうにもならなくなるやくざの話をやってみよう、という狙いであった。

このシリーズは、高倉健の花田秀次郎という人気ヒーローを生み出したが、もうひとり、池部良が演じた風間重吉のことを忘れるわけにはいかない。

二人のコンビが、最後に並んで殴り込みに行くシーンが印象的である。

俊藤は、それについて語っている。

『『昭和残俠伝』シリーズの成功は、むろんまず高倉健の魅力によるが、池部良の力も大きかったと思う。健ちゃんが無骨なタイプなのに対し、池部良は色気のある役で、その色気が任俠映画に独特の味をもたらした』

この映画のヒットは、高倉が歌う『唐獅子牡丹』の主題歌の魅力も要因である。

高倉健はすでに『網走番外地』の主題歌で歌い手として人気を呼んでいたが、「義理と人情を秤にかけりゃ……」という「唐獅子牡丹」はそれ以上に流行した。

『昭和残俠伝』シリーズは唐獅子牡丹の刺青で知られているが、俊藤は語っている。

「健ちゃんの主人公が刺青を入れている点に、このシャシンの特徴が出ている。片肌脱いだら、スパッと刺青が現れて、しかも唐獅子牡丹。そこが「日本侠客伝」シリーズと似ていながら決定的に違うところなんだ。

やくざの刺青にはいろいろあって、凝ったものでは不動明王とか水滸伝とかがあるが、なかでも唐獅子牡丹はやくざ者の代名詞みたいになっている。実際にそんなもんを入れてる人が隣近所にいたら、ちょっと気色悪いかもしれんが、映画であの刺青がバーンと出てくると、カッコ良くて、ウワーッとなる。普通、あんな金色や青色が入ってる刺青なんかなくて、ほとんどは朱と黒なんだけど、そこが映画なんやと思う」

観客がスクリーンに声をかけるただ一人の俳優

十作も続いた『網走番外地』シリーズであったが、高倉と石井輝男監督と植木照男プロデューサーがバラバラになって続けられなくなってしまった。

しかし、東映の館主会は、ドル箱の高倉健の『網走番外地』の歌が流れる作品がなんとしても欲しいわけである。そこで、降旗康男に会社側が言ってきた。

「健さんと植木さんに新たな監督を加えて、新シリーズを立ち上げたい」

その頃、東京大泉撮影所には、監督会と助監督会というのがあった。石井監督は監督会に所属していたから、監督会が「石井監督は喧嘩をしてこのシリーズを止めたんだ。監督だけワリを食うのはおかしいじゃないか」と石井を守ろうとした。

降旗は、「それはできません」と断った。

降旗の後に野田幸男、まだ助監督だった伊藤俊也、澤井信一郎のところにも話がいったという。

とにかく新人でやろうとして若手に片っ端から声を掛けた。みんな断った。

会社側はどうしようもなくなって、京都撮影所の俊藤プロデューサーに何とかしてくれと泣きついた。そもそもこのシリーズは東映大泉撮影所で生まれたものだ。俊藤プロデューサーに関係なかったが、俊藤に頼らざるをえなかった。

館主会といえば、お客に映画を売る人の集まりだ。俊藤プロデューサーとしても、その意向をいい加減には扱えない。

当時、映画本部長の岡田茂が俊藤に頼みにきた。

「こういうわけや。ぜひ引き受けてくれ。『網走番外地』というのは、なかなかおもろい素材やろ」

「冗談やない。ひとのやった企画をいまさらやれるか」

「いや、それは困る。館主会の決定なんや。いままでとはちょっと変わったものをつくってほしい」

押し問答の末、昭和四十三年の年末封切の『新網走番外地』をプロデュースした。

俊藤は、任侠映画の大御所であるマキノ雅弘監督を連れてきて、新シリーズの第一作『新網走番外地』を撮らせた。

『新網走番外地』は丸一年ぶりの網走番外地である。大ヒットした。

マキノ監督がやるとなったら、誰も文句は、言えない。一本目をやってしまったんだから、後は誰がやっても同じだろうというので、降旗のところに昭和四十四年の盆公開の二作目の『新網走番外地　流人岬の血斗』の話が舞い込んだ。

降旗は、当時の東映幹部から、『新網走番外地』について言われた。

「最初と最後に健さんの歌が付いてて、立ち回りがあれば途中はどうでもいい」

降旗は、それを聞いたときは、さすがに憤慨した。さっそく、映画館で『新網走番外地』を見た。

〈幹部の言っていた言葉は、ある意味で真実だな……〉

そう思わざるをえなかった。なにしろ映画が始まってギターがポローンと鳴り出したら、拍手が起きる。その後、観客の何人かは居眠りをしてしまう。

それがラストシーンになって、高倉が命を投げ出す頃には起きだしてきて、あちこちから声をかける。

「待ってました！」

観客がスクリーンに向かって声をかけるほど支持された俳優なんてひとりもいない。大衆に人気のあった片岡千恵蔵や市川右太衛門、中村錦之助の時代劇のときでも、石原裕次郎が主演していた映画のときでも、観客はおとなしく見ていた。

アメリカ人の観客はスクリーンに向かって口笛を吹いたり、かけ声をかけたりと、騒ぎながら映画を見ているが、日本人の観客はおとなしい。観客の青年たちは、高倉の芝居にそれほど深く共感していたのである。

網走シリーズの終了

降旗は、昭和四十六年十二月二十九日公開、つまり昭和四十七年正月映画『新網走

番外　地吹雪の大脱走』も撮った。

降旗と高倉は、この映画に入る時、一緒に俊藤の青山一丁目の自宅を訪ね、訴えていた。

降旗は、自分だけでなく、主演の高倉も同じ思いだと察していた。降旗は、青山の俊藤の自宅で高倉同席のもと、俊藤に迫った。

「もう、このホンならやめましょう」

降旗は、昭和四十七年八月のお盆興行の『新網走番外地嵐呼ぶダンプ仁義』も撮った。

降旗は、『新網走番外地』を五本も撮ってきた。現場自体は楽しかった。一方で、こうも感じ続けてきた。

〈この作品は、俺が撮りたいものではない……〉

降旗は、自分だけでなく、主演の高倉も同じ思いだと察していた。降旗は、青山の俊藤の自宅で高倉同席のもと、ふたたび俊藤に迫った。

「もう、このホンならやめましょう」

こうして『新網走番外地』シリーズは、この作品をもって終了した。

高倉が断った『仁義なき戦い』

実は、日本暴力団抗争史上最も多くの血を流した広島のヤクザ抗争を描いた飯干晃一のドキュメンタリーノベルを原作とした昭和四十八年一月公開の『仁義なき戦い』の主人公役は、最初、高倉健に話が持ってこられたという。

降旗が高倉から聞いたところによると、実は、高倉は乗り気であった。それまでの任俠映画の主人公のパターンを破りたいという役者としての意欲があったのだろう。

ところが、俊藤が、高倉を止めた。

「健ちゃん、あないなものに出たらあかんで」

俊藤は、仁義あるヤクザを描く映画を作り続けてきた。

『仁義なき戦い』は、文字どおり、仁義を失った裏切りに裏切りを重ねる下剋上的世界を赤裸々に描いた作品であった。俊藤にとって、それまで形造られてきた理不尽なことが許せず、最後には命を懸けて刀を抜くという高倉の姿が壊れてしまうと猛反対したのであった。

その上、高倉とすでに監督に決まっていた深作欣二監督は、それまで『ジャコ萬と鉄』、『狼と豚と人間』の二作で組んでいるが、二人はあまり反りが合わなかった。『ジャコ萬と鉄』で深作にものすごくなじられたことが、後々までしこりとなって残っていたという。

「深作さんは口が悪く、このへなちょこ、なんていうんです」

田中壽一プロデューサーによると、そういって、高倉は怒っていた。その後『狼と豚と人間』にも出演しているが、それ以降、深作作品に高倉は出演していない。

深作は、一度言い出したらそのまま突き進むタイプだ。

絶対に自分が言ったことは曲げない。例えば、『狼と豚と人間』で晴海へ夜間ロケに行ったときのことである。

深作と三國連太郎の意見が衝突した。深作と三國が言い合っているのを、スタッフが徹夜で眺めていたことがある。そういう深作だから、高倉とではだめだと会社も思った。

そういうときに間に入って、「俺が頑張ってこの作品を成立させてやろう」というのがプロデューサーの面白さだと、降旗は思うが、そういう人もいなかったのであろう。降旗は思った。

〈これまでは、健さんは、正義の御旗を立てて殴り込みに行くやくざを演じていたけれど、そういうものに物足りなさを感じはじめているのだろう〉

いっぽうの深作監督も、東映の任侠映画への不満が溜まっていて、高倉のイメージでは、『仁義なき戦い』が思い通りに撮れない、と思っていたのである。

結局、俊藤が断った。代わって菅原文太が主人公を演じ、大ブレークする。それまでの任俠映画の美学を吹っ飛ばし、野獣のような集団バイオレンスやくざ映画のブームを起こしたのである。

はたして、高倉が『仁義なき戦い』の主人公を演じていたら、どういう作品になっていたか。

降旗は、ひょっとすると、高倉があのような役も演じられる領域の広い俳優になっていたかもしれないという。

ただし、高倉ののちのスジを通し続ける立ち姿が消えてしまったかもしれないが……。

東映との別れ

高倉は、それまでの殻を破ろうと模索していた。昭和五十年公開の佐藤純彌監督の『新幹線大爆破』に出演している。それまで演じたことのない新幹線の爆破を仕掛け、追われる犯人役になったのだ。

高倉に、大きな変化が訪れる。俊藤と別れ、東映とも離れる……。

その一因となったのは、昭和五十年十月公開の、昭和二十二年の神戸に雑草のように誕生した一組のギャング団を描いた田中登監督の『神戸国際ギャング』である。

俊藤は、そのいきさつを『任俠映画伝』で語っている。

『このシャシンは、敗戦直後の神戸で進駐軍や一部の外国人を相手に闘って「国際ギャング団」と呼ばれた連中を描いたもので、健ちゃんのやる真っ白なスーツ上下でダンディに決めたボスは菅谷政雄がモデルになっている。

私はこの菅谷という男と昔から親しくしていたから、彼のことを一度ちゃんと映画にしたかった。

はじめのほうに、ボスが女とやってるところが出てくる。菅谷政雄は、稚気愛すべきというか、豪放磊落で、しかも人をなめているというか、そんな男だから、その感じをそこで出したかった。ちょっとエロなシーンだけど、いやらしくなく描くことで。そしたら、健ちゃんはこれがものすごく気に入らん。

エロっぽいセックス・シーンなんか高倉健のイメージに合わんということやろう。「切ってくれ」「切ってくれ」と言うた。だけど、私にしてみれば、菅谷政雄のキャラクターを出すためにわざわざ入れたシーンやから、譲るわけにはいかない。健ちゃんの意向を蹴って、とうとう切らなかった。たぶんこれで彼は私に不信感を抱いたのと違うかな。どうもそんな気がする』

この作品を手がけた田中登監督は、ロマンポルノ界のエース。『神戸国際ギャング』にも、ポルノ的な要素が含まれていた。

高倉がかわいがり、高倉のボディガード的な役割もしていた付き人の西村泰治によると、高倉は、そうしたものに嫌悪感を持っていたという。

田中登を推薦したのは、この作品に出演している菅原文太で、俊藤がそれを呑んだ。

高倉は、俊藤に頼んだ。

「何を撮ってもいいけど、僕が嫌というシーンはカットしてくださいよ」

田中壽一プロデューサーによると、高倉健は東映を離れることになった原因を、こう告げていた。

「『神戸国際ギャング』で、監督に田中登を引っ張ってきたでしょう。わたしが、なぜ嫌になったかというと、立ち回りのシーンが二回ほどあったんです。リハーサルをわたしが見てて、危ないと思ったんです。それで、『このようなセットはない。もうちょっと、セットを強化してくれ』といったところ、スタッフも美術も『大丈夫です』って言うんです。仕方ないから、わたし、やりましたよ。実際、立ち回りシーンになったら下に落ちちゃったんです。そのとき、コンクリートにぶつけてしまい、この唇と顎に傷をつくってしまったんです。いったこっちゃないって思って……。それで、また、わたし、二十日ほど消えたんです」

そういって、高倉は田中に残った傷を見せた。傷は十針くらいで、ものすごく細く縫っていた。

「そんなことがあって、わたし、嫌になってね。東映は、わかってくれなかったんです。そんなことがあって、東映を離れました」

高倉は、京都の三十三間堂の前にあるやまと病院に入院した。〝高倉健〟の名前を使うのは具合が悪いからと、西村のフルネーム「西村泰治」を病室の表札として掛けた。

高倉は、東映に対する恩義を十分感じていた。が、結局、『神戸国際ギャング』が東映専属での最後の作品になったのである。

田中は、高倉の話を聞いて思った。

〈健さん、この手のものをやられたらたまんないな、と落胆したんだろうな〉

それと、この映画の主人公は、野獣のように生きるギャング団のボスで、高倉がそれまで演じてきた任俠精神のかけらもない。高倉が挑戦しようとした『仁義なき戦い』には、野獣性はあるが、悲しみ、切なさがある。が、この映画には、悲しみも切なさもない。

高倉は、なぜ自分がこういうギャング役を演じなくてはいけないのか、さらに、東映に居つづけると、これからも、このような映画に出つづけなくてはいけないのでは、と疑問を感じ始めたのではないか。

スクリーンに向かって「健さん！」と声をかけていたようなお客さんも、さすがにマンネリを感じ始める。

高倉は、ハリウッド映画にあこがれていたし、そうした方面に進みたいと考え始めていた。

それともうひとつ、やはり、『任俠映画伝』で、俊藤プロデューサーが微妙な表現をしている個所がある。

『高倉健には子どもみたいなところがある。彼が大スターになってゆく過程で私は行動をともにしてきたが、鶴田浩二の面倒は十のうち三くらいしか見てないのに、健ちゃんのほうは日夜一緒でなきゃ、彼はしょっちゅう不安がる。高倉との歩みはそんなふうにやってきた。だから鶴さんなんかは「なんでそこまで」という気持ちがあったかもしれん。けれど、あいつは大人やから、そんなことは一言も口に出さなかった。二人がうまく両立できたのは、だからこそにちがいない』

実は、この両立に破綻がきていたのだ。鶴田も高倉も、東映スターながら、実質的には俊藤プロダクションに所属していて、二枚看板を張ってきた。

鶴田が先にスターとなり、高倉が追い上げてきて、いまや二人はスターとして並んでいた。

俊藤が言うように、鶴田は、いわゆる大人だから、高倉と並ぶことを鷹揚に構えていた。が、高倉はそうではなかったのだ。

わたしは、俊藤プロデューサーとは東映映画『修羅の群れ』で組んだ。わたしの原作『修羅の群れ』を鶴田浩二、松方弘樹、菅原文太、北大路欣也、丹波哲郎、北島三郎らオールスターキャストで映画化したのだ。

稲川会の稲川聖城総裁をモデルにした小説であった。

俊藤プロデューサーは、わたしが稲川総裁をはじめとする幹部たち、あるいは全国の親分たちを取材するとき、かならず同席してくれ、実に助かったものである。

その俊藤プロデューサーが、ある時、わたしになぜ高倉健が離れていったのか、ひそかに打ち明けた。

「健が、海外に旅に出るとき、置手紙をしていったのや。それによると、健と鶴田が二枚看板やが、このまま二枚看板を続けていくのは嫌や、いうんや。もし自分ひとりを選んでくださるのなら、あなたに一生尽くします、というんや。頭抱えたわ」

実は、俊藤と鶴田の付き合いは、鶴田の父親との縁から始まっていたというのだ。鶴田の父親は博打好きで、賭場に出入りしていた。俊藤プロデューサーは、賭場で鶴田の父親とよく会っていて、鶴田の父親が博打ですったとき、何度かカネを貸すほどの仲だったという。

わたしが俊藤プロで打ち合わせをしているとき、鶴田浩二が顔を出した。かならず「兄貴！」と声をかけて入ってきた。それは、プロデューサーと役者という関係より、まるで俊藤、鶴田のコンビでつくる任俠映画の『兄弟仁義』さながらの兄弟分の雰囲気であった。

「俺と鶴田は、鶴田の親の代からの仲なのや、切れることなどできへんのや」

俊藤は、一瞬辛そうな表情になるや、続けた。

「健が帰国し、羽田空港に到着するのを待っていて、健に言うたんや。『健、悪い。鶴田とは離れるわけにはいかんのや』

健は、深々と頭を下げ、『長い間、ありがとうございました』

それが、健との別れや。断腸の思いやった……」

高倉は、俊藤と別れただけでなく、東映も去ったのである……。

東映で育ち東映でスターにしてもらった高倉が、東映と育ての親ともいえる俊藤から去ったのである。高倉がブームを起こした仁俠映画風にいえば、組に自ら盃を返す「さかいとまい」ともいえる。

かつて東映東京撮影所所長であった坂上順は、大ヒット映画を連発しながらも東映から離れられたところに、健さんの強さがあると考えている。

普通なら、自分が育った東映映画と別れてしまうことは難しいだろう。しかし、高倉はヤクザ映画以外の世界を求めた。

その後、高倉は、東映時代『新網走番外地』などでコンビを組んだ降旗康男監督と、『冬の華』、『駅 STATION』だけでなく、『居酒屋兆治』、『夜叉』、『あ・うん』、『鉄道員』、『ホタル』でコンビを組み、高倉にとっての最後の作品となる『あなたへ』でも組むことになる。

『冬の華』と『鉄道員』、『ホタル』だけは、東映であった。高倉は、一応東映には義理を果たしたが、他はすべて東宝であった。

育ての親との永遠の別れ

高倉は、その後も、一応は俊藤への義理は果たしていた。

平成三年五月、俊藤は、喉頭癌で東京・大塚の癌研病院に入院して、二カ月間、注射も薬もなしで、放射線治療だけを三十四回やって、すっかり元気になった。そのとき、高倉は二度、なぜか夜中の十二時ごろに、病院へ見舞いに来た。

それから、退院したときには、中華料理店で快気祝いもやった。

俊藤には高倉とやりたい企画があった。

これは絶対に高倉健でなければならない。

そんなことを思っていたら、突然、年末に高倉が俊藤の家にやってきた。当時、俊藤の娘の藤純子、当時は改名していた富司純子と共演で東宝で『あ・うん』を撮影中であった。

「ご無沙汰しています」

高倉は玄関に突っ立って、そう言ったきり、ボロボロ涙を流して言葉が出ない。

俊藤も胸がジーンと熱くなって「まあ上がれよ」と言うと、「いやあ……」とただ涙ながらに立っている。

「今日は何も言えませんから、またあらためて来ます」

それで帰ってしまった。

俊藤は、平成十三年十月十二日に死ぬ。それが、高倉と俊藤の永遠の別れであった。

第4章

広島やくざ戦争

やくざの掟

「親分からもらった盃を、子分の方から返すことはできない」

やくざの世界は掟に特に厳しい。掟があることによってやくざ社会の秩序が保たれているからだ。

掟破りには、やくざ社会においての社会的な「死」が待ち受けている。否、生命そのものの死にも結び付きかねない。

やくざにとって一家を持つということは夢であり、子分たちの命を預かるという重いことであった。その盃事も厳粛なものである。親分から盃を受けることは子分にとって親分の命令には絶対に服従するという強い掟となる。

親分が子分と盃を交わし親子関係になるが、もっとも嫌われるのが、子分の方から親分に盃を返す「さかいとまい」である。

逆さまな縁切り、つまり「逆縁」の意味である。やくざの世界の最高の掟破りである。これは、博徒の世界では、古来御法度とされてきた。いったんもらった盃は、どんなことがあっても、もらった方から返すことはできないのだ。

青春を刑務所で過ごした男

昭和六十年五月二十五日、広島の共政会三代目会長の山田久の妻多美子の弟の清水毅が、十五年の刑を終えて出所した。

清水は、昭和四十四年十月、山田が、村上組の組員に狙撃された事件のあと、山田と風呂に入った。山田の背中を流しているとき、清水は、山田からいわれた。

「おまえも見てのとおり、わしがやられたんじゃから、今度は、よその者にやられたら格好つかんど。うちの手でやらにゃ、風が悪いど」

つまり「おれの復讐をするなら、他人の手ではなく、身内のおまえが、手をくだせ」という意味でいったのである。

狙う宮岡輝雄組長は、山田と対立する村上正明と兄弟盃を交わし、いずれは広島を我が天下にしようと虎視眈々と狙っていた男であった。

清水は、昭和四十五年、その言葉を忠実に実行した。宮岡を射殺した。

清水は、昭和四十五年に逮捕され、二十八歳のこの年から十五年間、刑務所に服役していた。いまは、もう四十三歳の中年になっていた。

清水が服役中、山田は、共政会の三代目会長に就任し、広島の町から銃声を消した。山田が、名実ともに押しも押されもせぬ親分として磐石の基盤を築き上げている間、清水は、ずっと刑務所に入っていた。

二十八歳の若さで服役したため、若さゆえに娑婆で経験できる楽しい思いを、まったく経験することはなかった。青春は、牢獄の中に閉じこめられ、抹殺された。

服役中の十五年間に、広島の街と共政会は、大きく変化していた。清水は、いわば、現代の「浦島太郎」であった。出所した直後、清水は、羽を伸ばした。刑務所にくらべ、娑婆は、夢のような場所であった。何をしても、何を見ても楽しいことばかりであった。夜ごと、盛り場の流川、薬研堀を練り歩いた。酒を飲み、女を抱いた。青春が、よみがえる思いがした。

そのうち、恋人ができた。毎晩通うクラブ『エリコ』のホステス雅子であった。

清水は、自分の気持ちや性格が、十五年前とほとんど変わっていないのに、共政会の人間の態度や広島の街の様子が、昔のように、自分の思いどおりにはいかないことに気がつきだした。じょじょに、苛立ちは募った。

口でいえないときには、暴れまわった。若い衆たちは、その横暴ぶりに手を焼いた。

エリコには、八木組組長の八木（仮名）も屯していた。清水より十歳年上である。

八木の弟は、清水と同じく富岡輝雄殺害計画に加担し、逃亡していた。

常日頃から、清水は、八木兄弟とは、まったく反りが合わなかった。

清水は、宮岡殺害の一カ月前には、この八木の頭を、出刃包丁で叩き割っていた。

そのうえ、八木は、弟を、ことごとくかばった。

「弟は、宮岡に拳銃を向けとらん。上を向いて一発撃っただけじゃ」

まったく清水ひとりが撃ったように誤解されるようなことをいった。兄弟をかばうのは無理もないが、十五年も服役した清水にとって、弟だけを必要以上にかばう八木の気持ちがしれなかった。八木の弟はいまだに逃亡をつづけ、刑を受けていないのだ。

だが、それは、まだ目をつむれた。清水が、どうしても腹に据えかねたのは、その呼び方であった。

「おい、毅、こっち来んかい」

「おい、毅、毅」

いちいち、呼び捨てにした。

清水も、娑婆を離れていたとはいえ、いまやれっきとした共政会の幹事長である。

山田久会長の義弟でもある。若い衆も、二十人ほど抱えたひとつの組の組長である。そのうえ、自分の恋人雅子がそばにいる。恋人のいる席で、「殺」と呼び捨てにされる。こんな屈辱はない。

十月二十日のその夜も、八木は、清水を「殺」と呼び捨てにした。

清水は、ついに堪忍袋の緒が切れた。

声を荒らげた。

「おう、こらあ、八木、おまえになんでそこまで呼び捨てにされないけんのじゃ。わしや、もうガキじゃないんど。おまえも組長かもしれん。ほいじゃが、わしも幹事長ど。おまえが、どれだけ出世したか知らんが、それが、なんぼのもんじゃ」

そういって、清水は、左手で八木の右頬を殴った。

八木は、吐き捨てた。

「おんどれ！　親分の義弟じゃいうて、ええ気になるな。山田の傘を外れたら、何もできんいうことを思い知れよ」

八木は、そういって切れた唇を拭いながら席を立った。

八木は、どす黒い情念をたぎらせていた。

〈このままでは、すまさんど……〉

　山田も、日頃から八木の言動を腹に据えかねていた。

　清水からこの夜のことを聞いた山田は、口にした。

「腐った林檎は捨てにゃならん。ほいじゃが毅、おまえも殴りつけることはない」

　が、その翌日、八木は、口頭で、共政会本部に対し、宣言した。

「わしは、今日かぎり共政会を出る」

「さかいとまい」である。逆さまな縁切り、つまり「逆縁」の意味である。やくざの世界の最高の掟破りである。これは、博徒の世界では、古来御法度とされてきた。いったんもらった盃は、どんなことがあっても、もらった方から返すことはできないのだ。しかも、山田には、何の挨拶もない。山田は、腹が煮えくり返った。

「毅が殴ったと聞いたんで、少しは、こっちも悪い思いよった。いなげな利権を漁ろうが、少しは、大目に見よう思いよった。ほいじゃが、もう許さん。よおし、そんなら、こっちから絶縁にしたろう。そこまで虚仮にされ、黙っとることもない」

　十月三十日、山田は、すぐに絶縁状を認めた。絶縁状は、その日のうちに幹部の手に渡った。

絶縁した者を受け入れるのも掟破り

山田から絶縁状を配付されたことを知った八木は、翌日、共政会の古参岩本敏幸組長を訪ねた。岩本の事務所は、市内光町にあった。

岩本は、旧山村組の中で、山田とは兄弟分であった。山田が三代目に就任すると、山田の下になるのが嫌で袂を分かち、引退した。が、その後、競輪、競艇のノミ屋をして生活をしていた。その姿を見るに見かねて、山田が、五十年に、共政会に復帰させていた。

八木は、その岩本から見れば、半目あるいは一目下がりの格であった。

八木は、岩本に切々と訴えた。

「兄貴、もう会のやり方には、わしゃ、ついていけん。ほいじゃけえ、逆縁じゃが、会長には、こっちから縁を切らしてもらった」

岩本は、よくいえばおとなしい性質、悪くいえば優柔不断な一面があった。

八木の剣幕に辟易しながら、それでも、古参の貫禄を誇りながら諭した。

「変な考えを持っているんなら、やめておいた方がええど。いま共政会に弓を引けば、おマンマが食べられなくなるど。山田という男を、馬鹿にしない方がええ」

岩本は、じつは、毎月一回、市内のスナックに共政会の会員を集め、親睦会を開いていたことがあった。共政会会員で、自分の昔の弟分を三人から五人と集めた。さらにその者たちの若い衆も呼んだ。

半年前、このことが山田の耳に入った。

山田は激怒した。

「おまえ、何をするんかい。コソコソと。昔みたいにまた、派閥を作るんかい。その派閥が、三代目共政会に喧嘩を売るようになるんど」

岩本は、否定した。

「いや、そういう大げさなつもりはない。ただ飲んどるだけじゃが」

「それを、火のないところに煙は立たんいうんよ。百歩譲って、おまえが、何も考えてなかったとしよう。そのとき、おまえに呼ばれて来るやつは、こう考えるはずじゃ。『この人が、自分らをこうしてかわいがるいうことは、かならず、この人は、自分らに何かを期待しておる。何を企んどるのか』

おまえの行動に他意はなくとも、集まってくる奴は、おまえの想像以上のことを考える。結果としては、おまえが、岩本派を作ろうと画策しとることになるんじゃ」

「そんなことはない」

岩本は、懸命に否定した。

「まだ、シラを切るんか！」

山田は、右手の甲で、岩本の右頬を殴りつけた。指輪で、岩本の唇が切れた。

岩本は、恐怖を覚えた。

〈この親分は、何を探りにくるかわからん。恐ろしいやつじゃ……〉

岩本は、八木の訪問を受けてからの数分間、そのエピソードを思い出していた。

と、そこに電話が入った。

「はい、岩本組です！」

若い衆は、電話の向こうの声を聞き、さっと緊張した。

「お、親分、山田会長です」

岩本の顔が強張った。

「はい、岩本じゃが。何ですか、会長」

「そこに、八木がいってないか」

「八木なら、いまここに」

岩本は、山田の気迫に満ちた声に圧倒され、ついしゃべってしまった。

八木の顔を見た。

八木は、激しく首を振っている。いない、といって欲しかったらしい。八木の背中からも、どっと冷汗が吹き出た。

「なにィ！　八木が来て、何の話をしとる？　八木を絶縁してから、もう一日経っとるんじゃ。その間に話をするとは、何事じゃ。おまえ、いっしょになってから、また、前と同じように何かしようと思うとるんか」

「……」

岩本は、とっさにものが言えなかった。

山田は、たたみかけるように言った。

「よし、何もいえんいうことは、気持ちがある、ということじゃな。まだ懲りてないんだな。ましてや、絶縁状がまわっていることを知っていながら、八木をそこに入れるいうことは、邪なことを考えとる証拠じゃ。そんなら、おまえもいっしょに絶縁してやる」

山田は、八木よりも、岩本の態度の方によりいっそう怒りを覚えた。もうどうあっても許しがたい行為であった。

人がいい、ということで片づく問題ではなかった。やくざとして、もっともしてはいけない行為であった。

山田は、その翌日の十一月一日、追い打ちをかけるように岩本への絶縁状を認めた。絶縁した者を受け入れることも掟破りなのである。

『岩本組組長岩本敏幸

右の者、我が共政会の名誉と威信を汚す不逞の族と意志の疎通をはかり、広島の平和を乱すとともに、任侠上許し難き行為有りたる為、私の信念を以て、本日限り断固として絶縁。よって、今後当三代目共政会はもちろん、私との縁も無く、今後一切関係ないことを御通知致します。尚、念の為、今後当人との御交際の一切なきよう宜しく御了承の程お願い致します』

山田は、とくに、「私の信念を以て」「断固として」という文句を挟んだ。これによって、岩本とは、いっさい話し合う余地はないことを通告したのである。ここまで恩情をかけてやったのに、ここまでの裏切りをするか、という最大級の怒りの表明だ。

山田は、いったん怒りに火が点くと止まるところを知らなかった。涙もろいし、自分の機嫌がよいときは、まわりにも温情を発揮した。

しかし、激しい怒りにとらわれたときには、怒りの矛先がどこへ向かうか訳がわからないことが多かった。ただし、わからなくなっても、理性は働いていた。が、ときたま、自分の体の中に理性を飛び越えてしまう部分があることを感じる。そうなったとき、もう待ったがかからなかった。自己抑制が働かないのである。

この岩本のケースは、まさにこのケースであった。

〈戦国の世なら、わしの気性は、まちがいなく織田信長タイプじゃ。いままで生きとったのが、不思議なくらいじゃ〉

そのころ、八木と岩本に絶縁状が出された、という情報は、またたく間によその県にまで伝わった。

俠道会会長の森田幸吉にも、伝わった。共政会相談役の門広が報せたのである。門は、岩本や八木のことは、よく知っていた。

絶縁状が出てから、悩みに悩んだ岩本は、門相談役や片山薫副会長に相談した。まさか、自分の絶縁状がまわされているとは、思いもしなかったのである。取り返しのつかないことになったことを後悔した。

森田会長も、事態を憂慮してくれた。

門を交え、さらには、共政会の顧問的存在の長老たちにも相談した。

その結果、十一月二日、岩本と八木が、森田会長、門相談役、片山副会長の立会いの下、香川県の高松市内で、関西の長老で共政会の顧問的存在の人物と会った。今後の対策を協議した。

絶縁状は、解けないものなので、もう会へもどることはできない。

ただ、門や片山が、山田会長に話をし、ふたりが断わりを入れたうえで、堅気になっても生きていけるよう、配慮をしてもらうように持って行くことはできる。その方向で、話を進めることで、その場はまとまった。

岩本と八木のふたりは、丁重に礼をいった。ただし、八木には、不安が残った。

岩本は、絶縁されたとはいっても、直接逆縁をしたわけではない。八木を庇うことで、絶縁されたのである。つまり、共政会に弓を引く八木の相談を受け、事務所に招き入れたため、同じく反逆者と規定された。だから、八木を切れば、まだ面子は立つ。

が、弓を引いて飛び出ていった八木は、岩本よりは、風当たりが強い。

八木は、高松から帰りの車の中で、横に乗った岩本の方をちらちら見やりながら、これからの身の持って行き方を思案していた。

車の中は、八木と岩本のふたりだけになった。八木は、探りを入れるようにいった。

「ちょっと寄って、いいですか」

「どこへ？」

「兄貴の事務所」

岩本は、八木が何をいいたいのか、あらかたわかっていた。

事務所へ寄るなり、八木が切り出した。

「兄貴、わしを舎弟にしてください。お願いします」

岩本は、うーんと唸ったまま、目をつぶって考えこんでしまった。

腐った林檎は早く捨てろ

岩本と八木が話し合い、共政会に謀叛をくわだてるかもしれないということは、山田には予想できた。下手をすると、何人かが犠牲になるかもしれない。が、戦争は、対内的にも、対外的にも、デメリットである。

〈この腐った林檎は、早いとこ外に捨てんといかん。そうせんと、まわりの林檎まで腐らしてしまう。あいつらにしても、ここまで来たら、堅気になって、しかも、ある程度シノギをしていければ、その方がいいはずだ。問題は、血気にはやる若い衆を、どうあつかうかじゃ。やつらは、話をしてもわからんじゃろう〉

山田は、その調整役を、門や片山に頼むことに決めた。

十一月二日の夜、高松から呉の自宅に帰ったばかりの門に電話を入れた。

「相談役、あんたが、うまいように、調整してくれんですかいの」

「どうしたらええですか」

「何とか、岩本を説得して、あんたが、あんたの車に乗せて、わしのところに連れてきてください。そこで、断わりを入れさせて、それで、おしまいにしようや」

「うまいこと行くかな？」

「ただ、ちょっと……」

「何ですか」

「八木が、癌じゃわい」

「ああ、岩本も、武士じゃったら、自分を頼って来られたら、無下に断わり切れんかもしれん」

「岩本の、その弱ぁい、人のええところが、くせものなんじゃ。共政会本体の首をしめることになりかねん」

「岩本が、そこをよう辛抱して、冷たくできるかじゃね」

「すべて、あんたにまかすから」

門は、その翌日の十一月三日から、山田の広島市南区にある黄金山の中腹にある家に泊まりこんだ。

〈呉からいちいち行ったり来たりしとっては面倒じゃ。話は長引くど……〉

案の定、すんなりとはいかなかった……。

絶縁された者も捨て身で反撃してくる

岩本に接近し、岩本を頼りにしようとしている八木も、必死である。いま、ここで絶縁された同士がくっつくから強いのであって、分断させられたら、終わりだ。

八木は、三日の夜、ひそかに岩本に電話を入れた。

「うちの若い衆は、何か事あるときは、すぐに行動をともにする覚悟です。兄貴、いますぐ、わしを舎弟にしてください。わしらは、兄貴のために闘う」

岩本にも、二十数人の若い衆がいた。八木のところと合わせると、四十人を超える人数になる。

八木組の若い衆は、みな戦闘的であった。口々に言い合っていた。

「絶縁になり、このまま手をこまねいていても、やくざとして飯を食っていけん。堅気になっても、相手にされん。死ぬだけじゃ。それなら、いっそのこと、共政会と刺し違えて死んだ方がええ。万にひとつ、勝つ可能性がないとはいえん。ジッとしていたら、かならず敗北する。それなら、負けてもともと、刺し違えてやろうじゃないか」

かれらの理屈は、一理ある。

八木は、自分の子分たちの追いつめられた絶望的な心情を代弁し、岩本にぶつけた。

岩本は、電話の向こうで、唸っているばかりだ。

「兄貴、みな、ここまで兄貴を立ててくれようとしているんじゃ。ここはひとつ、引き受けてください」

岩本は、ついに決断を下した。

「よしわかった。みんな来い。いざとなったら、やろう。ほいじゃが、まだどうなったものでもない。ちょっと、時間をくれ」

岩本は、電話を切り、眼をつぶった。

八木は、八木で、不安のためいてても立ってもいられなかった。共政会の大幹部たちが、自分や岩本を個別に説得に来る。自分抜きで、岩本ひとりを説得すれば、岩本の性格からいって、岩本は、向こう側に落ちる。

〈そうなると、わしの首は、ない……〉

八木組の若い衆たちは、その日から岩本組の事務所に立て籠もった。

八木の危惧は、当たった。

門や片山ら共政会最高幹部たちは、十一月四日の朝から、入れかわり立ちかわり、岩本の事務所にやって来た。

岩本ひとりを応接間に呼び、説得をつづけた。

説得は二週間もつづいた。

門が説得をはじめて十五日経った。十一月十九日になっていた。門は、これが最後だと思い、太いしわがれ声でいった。

「のう。岩本、よう考えてみいや。もうここまで来た以上、共政会にはもどれん。そのうえ、本来なら殺されても仕方のないところじゃ。ほいじゃが、世間は、いくらでも広いからのう。呉にも、徳山にも、岡山にも、生きていける場所はある。あんたのような穏やかな人徳なら、堅気になっても、誰かついてくる。堅気の事務所を持つのに、金がいるんなら、貸してやってもええ。残った若い衆は、どこか養子にでも出せばええ。その算段は、わしらがする。ほいじゃが……」

「わかっとる。そのようにいうてくれることは、たいへんありがたいと思うとります。しかし、何というても、若い衆は、わしらとちがう。血の気が多い。それに、相談役はそういわれるけど、絶縁になった人間がどのような運命をたどるか、だいたいわかっております。その気持ちを考えると、わしも、我がだけよいようにはでけんのです。我がだけの一存じゃ、いけんのです」

片山が、横から助け船を出した。

「そのことじゃ。そのことについては、相談役が、会長に上手に話して、あんたの将来のめんどうは、見てくださる、というてられる。ほいじゃけえ、ここはひとつ大船に乗った気分で、わしらにまかせてくれんかい」

「それは、はっきり約束してくれるんかいね……」

門と片山は、顔を見合わせた。岩本は、何とか乗ってきたようだ。双方、たがいの眼に、安堵の色を読みとった。

「約束する。絶対約束する」

岩本の気持ちが、動いた。

「そうですか。ほんなら、わし、山田会長のところに断わりに行きます」

門は、ほっと胸を撫でおろした。

「わかった。ほいじゃ、わしの車で、あんたを連れて行くけえ。日にちが決まったら、電話してくれや」

門は、山田の本宅に泊まりこみ、岩本の事務所との間を着たきり雀のパジャマで往復していた。その間、各所の親分にも、何度か、広島にご足労を願っていた。岩本組を解散した後、若い衆がどこへ養子に行けるか、その見当をつけるためであった。さすがの頑丈な門も、くたくたに疲れ果てていた。

「片山さん。わし、一回、呉の家に帰って来る。パジャマも替えないけんしの」

門は、やっとケリがついたので、安心して呉に帰った。自宅に辿りつくと、ふらふらと畳に倒れた。体は、鉛を呑んだように重く、疲労の極に達していた。すぐ入院し、点滴を打ってもらった。

門は、ようやく深い眠りについた。

いっぽう、片山副会長には、そのころ、どうしても気になっていたことがあった。十一月二十日の朝が明けるのを待ちかねたように、岩本の事務所に行った。事務所に立て籠もっている八木のことを、きちんとさせておきたかったのである。

片山は、通された応接間で、岩本にきっぱりといった。

「ガン（岩）ちゃんよ。ちょっとここへ、八木を呼んでくれんか」

すぐに、八木が来た。

片山は、岩本に目配せした。

「あんたは、ちょっとこの場を外してくれ」

岩本は、応接間から出て行った。

片山は、八木と一対一に向き合うと切り出した。

「八木よ。わしがおまえにものをいうのは、これが最後ど」

八木はうなずいた。

片山は、懇々と説きつづけた。

「ええか、よぉ聞けよ。わりゃあの、自分から会を出て行って、逆縁をやったんど、のう。それは、おまえは得心でやったんじゃやから、それはよかろう。それで結局、いまはどうなっとる？　そのおまえのとばっちりを受けて、岩本という人間が、絶縁になってしもうた。そのうえ、おまえは、ここの事務所に入り込んで、岩本とおまえとふたりして、音を上げとろうが、のう。もし岩本に何かあったとき、おまえはの、どうするんかい。岩本まで、自分のことに引きずりこんで、もし岩本まで殺されたら、おまえが殺したんど。おまえ、そういうことをしたらのォ、どうするんじゃ」

さすがに八木は、肩を落とした。反省しきった声で、しおらしく言った。

「兄貴、言うことありません。すいません。もうその言葉を言われたら、わたしは、何もありません」

八木は、頑固者でとおっていた。滅多なことでは、人に頭を下げる男ではない。

その八木が、頭を下げた。

片山は、頭を下げる八木をはじめて見た。

八木は、言葉を継いだ。

「わしも、いまになって考えてみたら、やっぱり、兄貴のいうことを聞いときゃよかったと思いよります。わたしは、もう、岩本さんのいうとおりにします」

片山は、また岩本を呼んだ。

「ガンちゃん、わし、いま八木と話をした。八木は、岩本さんのいいなりになりますということを、いまはっきり言うたんじゃ。ほいじゃけえ、ガンちゃん、あんたがのう、どのようにしてもかまわんのじゃけぇ、ここであんたが踏ん切って、一日も早よう、断わりに行けばええんじゃ」

「わかりました。わし、明日、山田会長のもとに、断わりに行きます」

片山は、自分だけが立会いで決まったことを悔やんだ。山田会長から直接頼まれたのは、あくまでも門である。門に報告しなければいけない。

片山は、電話で門の居所を探した。が、なかなかつかまらない。そのはずである。

十一月二十日深夜も、門は、病院のベッドで眠りつづけていた。

やっとつながった門に、片山は早口でいった。

「総長！　夜分お疲れのところをすんませんねぇ。いま、岩本の事務所からです。あっちこっち、探しました。よかった、つかまって……」

門は、小原組総長兼共政会相談役だ。昔から知っている片山は、つい、「総長」と昔の呼び名で呼んでしまうのである。

「なん？　また大事かいね」

「総長、悪いけど、わし、今夜はひとりで、岩本の事務所に来さしてもらいました。先にそのことをお詫びします。勝手に進めてすいません。一言総長に断わっておかんといけん思うて。いま、岩本と代わります」

岩本は、門に電話で詫びた。

門は、これで、やっと本当にカタがつくと思い、安心した。

「わかった。わし、車で迎えに行くけえの」

門は、その結果を山田に報告した。

「会長、話はつきましたけぇ。明日、岩本を連れて、断わり入れさせます」

山田は、門が言い終わるか、終わらないかに、釘を刺した。

「くれぐれも、岩本や八木に伝えてくれ。『まだ、話はついていないんじゃけえ。うちに来てきっちり話がつくまでは、外に出るな』と」

実際、山田は、口では若い衆に何も命じてはいなかった、が、若い衆の中には、山田の岩本らに対する怒りを理解し、山田を守るため、街に飛び出しているものもいた。もし岩本らが妙な動きをするようなら、いつでも殺してやる、と構えていた。

岩本の眼にも、岩本の事務所の近くをうろついている若い衆の姿が入った。かれらは、まだ、岩本が、明日山田の家に断わりに行くことを知らなかったのである。

岩本は、門や片山が、山田に仲介してくれ、断わりに行けるようになったことで、話はついたものと思っていた。自分の命が狙われていることを、つい忘れていたのだ。

〈もう大丈夫じゃろう〉

これだけ、共政会の幹部が保証してくれたのだ。もう狙ってはいまい。岩本は、そう思いこむことで、不安から逃れようとした。

手打ちがすむまでは油断してはいけない

岩本は悩んだ。

〈わしひとりの断わりだけでも、これだけの時間が要ったのに、このうえ、八木のめんどうまで見るとなると、どうなることか……〉

そのため、門と約束していた時間に間に合いそうもなくなった。

岩本は、早朝、門に電話を入れた。

「ちょっと、用事ができたんで、明日にしてもらえんじゃろうか」

一瞬、門は、言葉を失した。

〈また、振り出しにもどるんかのォ〉

門は、確かめた。

「明日は、来れるんじゃろのォ」

「はい、大丈夫です」

門は、とりあえず安心した。

岩本は、門に連絡した後、なぜか急に、すべてが片づいた気がした。

つい、ふらふらと、事務所の外に出た。自分の組の若い衆や、八木組の五人を連れていた。昼の一時過ぎである。岩本の事務所のある広島市東区の光町は、昼休みを終えたばかりで、人通りはまばらだった。岩本は、久し振りに吸う外の空気に、心地よいものを感じていた。

岩本らは、国労会館ビル一階の喫茶店に入った。岩本は、岩本用に特別にいれさせた、ひどく薄いアメリカン・コーヒーを啜った。

今日は、コーヒーの香りが、ことのほか香ばしかった。チェリッシュの歌う「てんとう虫のサンバ」が有線で流れていた。

岩本は、ついうっとりとしていた。

昭和四十年代後半に流行ったこの曲は、息の長いヒット曲である。世代を超えて親しまれていた。切った張ったの修羅の世界に生きている岩本たちにとっては、およそ縁遠い世界であった。

が、岩本は、今回断わりを入れたあと、堅気の世界にもどれるかと思うと、なぜか、急にこの曲が身近なものに感じられた。

アメリカン・コーヒーを飲み干すと、岩本は、大きく息を吸った。

そのとき突然、ドアが蹴破られた。男が四、五人、なだれこんで来た。岩本らのボックス席まで、一直線にやってくるではないか。男のうちの一人が、叫んだ。

「岩本組か!」

岩本の顔から、一瞬、血の気が引いた。

とっさに、岩本は、上半身を傾かせ、テーブルの下に身を隠そうとした。

男たちは、四人いた。

四人が、一斉に拳銃を構え、発砲した。生白い閃光が、鈍く光った。耳をつんざくような銃声が、次々にとどろいた。

一発は、岩本の側頭部から入り、頭を貫通した。岩本は、後ろにふっ飛んだ。

あっけなく絶命した。

岩本の隣にいた八木組の組員も、胸を撃たれ即死。

残りの四人は、肩などに重傷を負った。が、一命は、とりとめた。

店内にいた一般客は、蜘蛛の子を散らすように逃げ去った。逃げ遅れたひとりが、左足に流れ弾を受けた。

発砲した四人は、すばやく店の外に飛び出した。

四人は、停めてあった外車に飛び乗った。エンジンを吹かせ、走り去った。

撃たれた四人は、動けなかった。追跡することは、できなかった。

その日午後七時過ぎ、四人の実行犯の組長が、広島東署に出頭した。

銃刀法違反現行犯と、岩本敏幸組長殺害容疑、その他殺人未遂容疑で逮捕された。

東署の担当官は、頭を悩ませた。

「また、内部抗争から抗争がはじまるんかい。いいかげんに、やめてくれんもんか」

が、山田の考えは、ちがっていた。

山田は、幹部を集めた席でいった。

「あれは、内部抗争じゃない。絶縁状を出した人間をかばったものに絶縁状を出した。にもかかわらず、態度をはっきりさせていなかった。たしかに、最後は、話がまとまり、断わりを入れに来ることになっていた。しかし、正式な手打ちは、終わっていない。手打ちがすむまでは、何が起こるかわかったものじゃない。ほいじゃけえ、正式にきちんと手打ちをすますまでは、どうされようと文句はいえん。手打ちがすむまでは、油断するな。ええか。向こうも本気なら、こちらも本気と思わにゃいけん。親分同士は、何もせんでも、若い者同士は、ぶつかり合う。また、ぶつかり合わないと、相手に対して、こちらの面子が立たん」

山田は思った。

〈広島も、十五年も平和がつづいた。わしが代を継いでからは、順風満帆じゃ。共政会元禄時代ともいえる時がつづいた。じゃが、長くはつづかん。この事件は、岩本には、酷じゃが、起こるべくして起こったともいえるんじゃ〉

岩本敏幸殺害事件で、共政会の組員の中には、緊張した空気が走った。

当然、岩本組、八木組の残党による報復が、予想されたからである。

あきらかなのは、岩本組長は亡き人となったが、八木組長は、岩本組長殺害事件直後から、すっかり姿をくらましたことである。

若い衆も中心を失い、どうしていいかわからなくなっていた。

相談役の門が、事後収拾に乗り出した。

岩本の直系の若い衆二十数人、八木の直系の十数人は、全員、門のもとに断わりに来た。

「相談役、わしらは、堅気にさせてください」

門は、通告した。

「よっしゃ、堅気になれ。その代わり、その証として、ここにおまえらが持っておる飛び道具を全部持ってこい。ヤッパも持ってこい」

中には、やくざ稼業にほとほと嫌気がさしたものもいた。かれらには、門がすんなり認めてくれたことが、うれしかった。

プロの殺し屋

清水毅は、相変わらず、護衛をつけず、ひとりで飲み歩いていた。

昭和六十一年九月十七日午前零時過ぎ、清水は、沖本勲理事長と、広島随一の歓楽街薬研堀の路上を歩いていた。

ちょうど、花屋の前をとおりかかった。

じつは、その清水をひそかに尾けて来る若者がいた。若者は、清水の背後一メートルに近づくと、清水の首筋めがけ拳銃を構えた。

突然、清水の首の真後ろに、高い破裂音が炸裂した。

「パーン！」

清水は、一瞬、何が起きたか、わからなかった。

「幹事長！　幹事長！」

理事長の沖本は、必死で、清水の体を抱きかかえ、揺すった。だが、清水は、ぐったりしたまま、何の反応も示さなかった。

数メートル先で、男が、一瞬、こちらを見た。が、すぐ眼をそらせ、逃げ去った。

犯人だった。痩せぎすの男で、ハンチングのようなツバつきの帽子をかぶり、眼鏡をかけ、左手には、傘を持っていた。

清水が死んだことをちゃんと確認してから、逃げたのだ。プロだった。清水の頭部を、左後方の至近距離から撃ち抜いた。あとでわかったことだが、銃は、モデルガンであった。

犯人の身元は、ようとして割れなかった。

はたして、この事件が、八木、岩本の絶縁と関わりがあるのかないのか、謎のままである……。

「さかいとまい」という掟破りが引き起こした一連の事件であった。

第5章

小池百合子

自民党の掟

「自民党東京都連とその会長の決定は絶対である」

小池百合子が東京都知事選挙に立候補しようとした時、前に立ちふさがったのは、自民党東京都連であり、都連会長の石原伸晃であった。

石原は、前総務事務次官の桜井俊を担ごうと動いていた。桜井は、人気アイドルグループ「嵐」の桜井翔の父親でもある。

自民党においては、自民党東京都連とその会長の決定は絶対である。

小池は、桜井俊が選ばれれば、自分に勝ち目はない、と読んでいた。フレッシュだし、息子の人気も高い。

小池は、自民党都議選にも石原会長にも許可は取らず、勝手に出馬宣言をしてしまった。あきらかに掟破りである。

出馬を迷っていた桜井は、官僚である。自民党の小池が出馬宣言をしたのに、あえて小池と闘うのは官僚の性質からいって嫌がるものである。桜井は、ついに出馬を断念した。

小池が、もし、あくまで掟を守り自民党都連、石原会長の許可を待ち続けていたら、桜井が出馬を表明したであろう。小池の都知事選におけるあれほどの大ブームも起こせなかったろう。

掟破りによって、英雄になった例である。

「人と同じことをやるのは、恥だ」という教え

小池百合子は、昭和二十七年七月十五日、兵庫県芦屋市に生まれた。石油商で政治家への野心を燃やし、衆院選に挑戦したこともある父親の勇二郎は、百合子によく口にしていた。

「人と同じことをやるのは、恥だ。みんなと同じことをやって成功しても、それは当たり前のことで、つまらん。みんなが気がつかないことをやるから意味がある」

彼女は、関西学院大学社会学部を中退し、エジプトに単身留学し、カイロ大学に学び、卒業した。

彼女は青春期をカイロで過ごし、国際的視野を身につけた。

帰国後、昭和五十四年から昭和六十年まで、日本テレビ『竹村健一の世相講談』でアシスタントキャスターを務めた。その後、昭和六十三年よりテレビ東京『ワールドビジネスサテライト』の初代メインキャスターを務めた。

平成四年の第十六回参議院選挙で、前熊本県知事の細川護熙が結党した日本新党に入党し、比例区から出馬して初当選。翌平成五年の衆院選に参議院議員を辞職して立

候補、旧兵庫二区から日本新党公認で出馬し、当選した。この衆院選で、日本新党は躍進する。小池は、この戦いを通じ、新党の作り方を学ぶ。党首の細川護熙はいきなり総理となる。小池は、細川内閣で、総務政務次官に就任する。

が、連立政権は一年足らずで瓦解する。

小池は、新進党、さらに小沢一郎率いる自由党に加わる。

平成十年六月二十五日、参院選が公示された。自由党は、選挙区に十人、比例区に十二人の候補者を擁立した。小沢党首は、悲壮な決意をもってのぞんだ。

「どう見ても二、三百万票は取れる。目標は、選挙区で五、比例区で五だ。しかし、もし国民の支持が得られず、惨敗に終わるようなら、いっそのこと政治家を辞めよう」

しかし、自由党には組織がない。当然、運動員も少ない。目標といっても、あくまでも希望的なものであった。そこで、小池はテレビ・コマーシャルを企画した。

〈日本がいま求めていることばかり思っている小沢さんが、どうして国会で嫌われるんだろうか〉

小池の脳裏に、ふいに閃いた。さっそく、そのコピーをざっと書いてみた。

『・ボク（小沢一郎）が永田町できらわれるわけ
先送りしない　先見性がある　主張が一貫している
（ネガティブのネガティブはポジティブ）
妥協しない　言い訳をしない　決断する　本当のことをいう　愛想がない　官僚を使いこなす　言動一致　おもねらない　言葉が少ない　小鳥が好き　アメリカとわたり合える　怨念に興味がない　数字に強い
・それでも、だれがやっても同じだとおおもいですか』

自分の考えた案を代理店の担当者に話し、自由党のキャンペーンCMとした。

小沢一郎が永田町できらわれる理由がナレーションで流されるなか、小沢が、寝起きでボサボサの頭を掻く。小沢の顔がアップとなり、小沢がニーッと歯を見せて笑う。歯磨きをし、髭を剃る。そして、ワイシャツに着替えてネクタイを結ぶ。しゃきっとしたところで、横に大きく「自由党」のキャッチが映し出されるというものだった。

最後のしゃきっとするシーンでは、小沢自身が両手で自分の頬を叩くといったことを考えて、そのとおりにした。その顔を叩くコミカルな仕草は、子供の間では流行ったらしい。

このテレビ・コマーシャルの効果もあり、なんと五百二十万票も得た。選挙区一人、比例区で五人の合わせて六人も当選させた。

その後小池は、小沢と袂をわかち、保守党を経て、自民党に入党。小泉政権で環境大臣に抜擢される。

日本には『鉄製の天井』がある

平成二十年九月一日、福田康夫首相が記者会見で突然、辞意を表明した。

小池は、九月七日朝、テレビ朝日の「サンデープロジェクト」に出演した。

司会の田原総一朗が、小池に訊いた。

「アメリカの民主党大統領候補指名選にヒラリー（クリントン）さんが出たけど、だめだった。日本では、どうなの？」

「アメリカには、女性が何かを打ち破ろうとすると、『ガラスの天井』があるといわれている。日本では、往々にして、それが鉄製だったりする」

二十人の推薦を確保した小池は、九月八日午後二時三十分から自民党本部で、出馬会見をおこなった。

九月二十二日午後、自民党は、党本部で両院議員総会を開き、党所属国会議員と各都道府県連代表による総裁選の投票をおこなった。開票の結果、麻生太郎が全体の七割近い三百五十一票を獲得し、圧勝した。

二位は、六十六票の与謝野馨、三位は、四十六票の小池、四位は、三十七票の石原伸晃、五位は、二十五票の石破茂であった。

自ら風を巻き起こせ

平成二十八年六月十五日、舛添要一東京都知事が辞職願を提出し、六月二十一日付で、都知事を辞職することを表明した。

舛添の辞職により、東京都は、猪瀬直樹、舛添と二代続いて任期途中で、「政治とカネ」の問題により、都知事が辞任することになった。政局の焦点は、七月十四日告示、三十一日投開票と決まった都知事選挙の候補者選びへと移った。

自民党都連は六月二十七日、党本部で幹部会合を開き、候補者としていったんは出馬を固辞した前総務事務次官の桜井俊の擁立を求める声が相次いだ。都連は週内にも候補者を選定したい考えで、桜井の再説得を含め調整を急いだ。

党幹部によると、桜井は人気アイドルグループ「嵐」の桜井翔の父親だ。「実務家でありながら知名度もある」と判断。党内でも桜井への待望論が強まっていることから、一部の国会議員が出馬に向けた再説得を図るという。

桜井は六月十五日、自民党内に出馬を求める声が高まっていることについて、報道陣に「出るつもりはない」と述べ、自身の立候補を否定していた。

六月二十九日午前、ついに小池百合子が動いた。

衆院議員会館内で記者会見を開き、自民党東京都連の了承を得ないまま、都知事選挙への出馬を表明したのだ。

小池は、この日、白のスーツと黄緑のシャツ姿で会見場に登場した。

落ち着いた表情を浮かべながら、出馬への思いをきっぱりと語った。

「わたし自身は崖から飛び降りているので、覚悟はできている。名誉ある撤退は不名誉な撤退になる」

小池は、かって小沢一郎から言われたことがある。

「風が吹いていない時は、自らひとり崖から飛び降りて、風を巻き起こせ」

都知事選に向けた有力候補の正式出馬表明は、小池が最初であった。

自民党都連が「出たい人より、出したい人を選ぶ」との方針を示し、小池の公認について消極的であることについても、反論した。

「議員バッジをつけているとダメということだが、出馬を表明する権利はある」

さらに語った。

「首都東京に必要なのは、もう一人行政官を増やすことではない。いま求められるのは、ビジョンやパッションだ」

猪瀬直樹、舛添要一と都知事が二代連続で「政治とカネ」の問題で辞職したことについても、自らの清新さをアピールしながら語った。

「わたし自身は、飲食代を政治資金に計上していない」

さらに四年後におこなわれる東京都知事選が二〇二〇年東京五輪・パラリンピックと重なることを踏まえて、自身が当選した場合についても語った。

「任期を三年半にすることで混乱を避ける」

ただし、「あくまで自民党議員として」と繰り返し、離党は否定した。

自民党の支持が得られない場合の対応についても、自民党からの支援を得ることへの期待もにじませた。

「これから、流れを見極めたい」

自民党東京都連執行部は、この日の夕方、急きょ会合を開いて対応を協議した。

終了後、石原伸晃都連会長は記者会見で、小池に対して不快感を示しながら語った。

「都知事選の対応が執行部一任になったときに本人はいたが、残念ながら全員に何の話もなかった。正直申し上げて、どういうことなのか」

官邸の幹部も語った。

「党として支援することは、一五〇％ない」

小池の「先出しジャンケン」について、自民党の幹部は読んでいた。

「桜井（俊）さんが出ないなら、最後は自分しかないという状況になる可能性を見込んで、このタイミングで賭けに出たんだろう」

都連幹部の一人は、小池の出馬表明について、不快感を隠さなかった。

「候補者選考は都連で一致団結し、慎重にやっていこうと取り決めた。にもかかわらず、会長はじめ執行部にもまったく連絡をしなかった。無謀としか言いようがない」

小池はあくまで自民党員である。自民党員であるかぎり、都知事選に出馬するには、都連会長である石原伸晃と都連の了承を得るのが筋である。

石原は桜井を口説きにかかっている。もし桜井が受ければ勝った可能性は高い。

実は、この時、小池と石原都連会長の仲は険悪になっていた。ポスト福田の総裁選で、小池は三位で、四位の東京都選出の石原より上回った。それ以来、二人の仲はギクシャクしていた。小池が今回出馬を申し出ても断られる可能性が高かった。

しかも、桜井は、前総務事務次官の官僚である。官僚の生理からして、小池が先に手を挙げれば、それを引きずりおろすという気にはなるまい。小池は、それを読み、あえて掟破りに出たのであろう。この掟破りこそ、都知事選の勝利のキーポイントといえよう。

ライバル増田を抵抗勢力と位置づける

六月二十九日、石原東京都連会長は、桜井と会談し、立候補を要請した。

告示まで二週間ほどになり、都連会長の石原が直接、説得に乗り出したのである。

だが、桜井は、ここでも出馬に対して慎重な姿勢であった。

小池が出馬表明したあとも、自民党の候補者擁立は難航を続けた。

小池の表明後、都連は、ついに立候補を固辞する桜井の擁立を断念した。小池の戦略が功を奏したといえよう。

そんななか、急浮上したのが増田寛也元総務大臣だった。

建設省のキャリア官僚出身で、岩手県知事を三期十二年務めた増田の手腕に期待する声が上がった。

七月五日午後、小池は、自民党本部で石原と会談し、改めて出馬の意向を伝えるとともに正式に推薦を依頼した。

約二十分ほどの会談後、小池は報道陣に対して、五日付の推薦依頼を手渡したと明かし、語った。

「結論を出すのは参院選後との話があった。時間的に遅すぎると申し上げたが、変わらなかった」

小池は、きっぱりと語った。

「推薦が得られなくても、出馬の意思は変わらない」

石原も、会談後、候補者の決定について語った。

「当面、参院選に集中している」

この日、党の推薦を得られなくても知事選に出るという小池の行動について、小泉純一郎元総理は、都内でおこなわれた記者会見の席で語った。

「度胸があるなと思う」

小泉の「郵政選挙」で刺客候補一号になり、戦ったのが小池であった。

小泉はそう語るいっぽうで、選挙への関わりは否定した。

また、小泉に同席し、ともに「脱原発」の活動をしている細川護熙元総理大臣も関与しないと述べた。細川は前回の都知事選で舛添と戦い、敗れていた。

自民党東京都連内では、了承を得ずに立候補を表明した小池に対する不満が根強かった。都連幹部は選挙戦への影響について語った。

「参院選を戦っているのに、党が分裂するイメージを出したくない」

七月六日、小池は、なんと、「都議会の冒頭解散」まで打ち出した。

知事が都議会を解散できるのは、知事の不信任が可決された場合に限られる。

小池は、自ら解散できないことを承知の上で、水面下で増田の擁立に動いていた自民党東京都連へ対して、先制攻撃したのだった。

自民党東京都連幹部は、小池の記者会見に不快感をあらわにした。

「我々に『抵抗勢力』のレッテルを貼り、無党派層の関心を引く。小泉純一郎首相の郵政選挙そのものだ」

まさに、小池は「郵政選挙」の刺客第一号として、「抵抗勢力」のレッテル貼りは、お手の物だ。「増田」を抵抗勢力に仕立てて、都民の支持を増やしていった。

都連が自らの首をしめた「除名」文書

第二十四回参議院議員選挙がおこなわれた七月十日夜、増田は、自民党東京都連を訪れ、東京都知事選挙の推薦を依頼した。

この日午後八時、小池は報道陣が集まる自民党本部を訪れて推薦依頼を取り下げた。自民党という巨大な組織に一人で立ち向かう姿をアピールしたのだ。

七月十二日、告示二日前になり、ようやく野党側の統一候補も決まった。ジャーナリストの鳥越俊太郎が出馬することになったのだ。

七月十二日、自民党東京都連は、増田への推薦を決めると同時に、所属する国会議員や地方議員に対して、自民党が推薦していない候補者を応援した場合に除名などの処分を科すとする文書を配布した。

小池百合子が出馬表明しており、組織を引き締め、分裂選挙の影響を可能な限り避ける狙いがあった。

文書は「都知事選における党紀の保持について」と題したもので、東京都連会長の石原伸晃経済再生担当大臣や東京都連幹事長の内田茂都議らの連名で出された。

「各級議員（親族等含む）が非推薦の候補を応援した場合は、党則並びに都連規約、賞罰規定に基づき、除名等の処分の対象になります」

というものであった。親族の行為も処分の対象に含めるという異例の厳しい内容だった。

小池の選挙区である練馬区や豊島区の自民党関係者からは、驚きの声が上がった。

「こんな文書は初めて見た」

「支援するなというなら小池さんを除名にするのが筋では」

選挙戦ではポスター張りや演説会の手伝いに参加するかが「踏み絵」となる。

豊島区の女性党員は語った。

「文書は党が地元の動きを怖がっている証拠。みっともない」

七月十四日、ついに東京都知事選挙が告示された。小池と増田の出馬により、自民党は、平成十一年以来、十七年ぶりの「分裂選挙」となった。

小池は、選挙戦で、「聴衆との一体感」を意識し、「緑のものを一つ身につけて来て」と呼びかける「ポイントグリーン」戦術を展開した。

聴衆は、小池の呼びかけに応じ、緑色のハンカチやタオルなどを持参し、なかにはキュウリやネギを手にした人までいるほどだった。

中傷をバネに変える

七月二十六日に自民党本部で開かれた増田の決起集会では、自民党都連会長の石原伸晃が強く小池を批判した。

「自分で推薦届をお取り下げになられた。わたしはそのときをもって、また今日をもって、小池候補は自民党の人間ではない！　わたしはこのように思っております」

さらに、この発言に続き、強く批判したのが、石原慎太郎元東京都知事だった。

石原は語った。

「大年増の厚化粧がいるんだな、これが困ったもんでね。そこに私の息子もいて苦労してるけど、都連の会合に一回も出てこずに、『都連はブラックボックスだ』なんて聞いたようなこと言っちゃいけないんだよ。とにかく岩手県で行政手腕を発揮した増田さんに任せないとね、やっぱり厚化粧の女に任せるわけにはいかないね、これは」

石原が小池を中傷し、増田への支援を呼びかけると、会場からは大きな笑い声が起こった。

これに素早く反応したのが、小池陣営であった。発言から数時間後のこの日夜、JR十条駅前で行った街頭演説で、小池が語った。

「我々はそういうの慣れてるんですよ、逆に。しょっちゅうなんですよ、むちゃくちゃひどいこと言われるの」

小池は、石原の中傷発言をバネに、聴衆を沸かせた。

「女は聞き分けがいい、使い勝手がいいなどということは絶対に思わせない」

小池は、七月二十七日に、JR町田駅近くの演説でも語った。

「男性はわがままで言いたいことを言う。今日はわたし、薄化粧に変えました」

そう語り、聴衆の笑いを誘った。

小池は、かってわたしに語ったことがある。

「『嫉妬』という字は、女偏でしょう。しかし、永田町の男性を見ると、男性議員の方がはるかに嫉妬深いわよ。これからは『嫉妬』という字の女偏を男偏に変えるべきね」

七月三十一日、東京都知事選の投開票がおこなわれ、小池が初当選を果たした。

小池は、二九一万二六二八票を獲得、一七九万三四五三票を獲得し二位の増田、一三四万六一〇三票を獲得し三位の鳥越らに大差をつけての圧勝であった。

小池は、政党の枠を超えた幅広い支持を集めた。

小池の当選により、女性知事は、全国で七人目、東京都では初めてだった。

また、既成政党の支援を受けない都知事の誕生は、平成十一年に石原慎太郎が初当選して以来となった。

投票率は五九・七三％で、大雪が降った前回の四六・一四％を大きく上回った。

この日午後八時すぎ、当選確実の知らせを受けた小池は、東京都豊島区の事務所で両手を掲げて、集まった支持者からの拍手に応えた。

忖度やしがらみ政治を痛烈に批判

小池は、都議選に向けて、着々と布石を打っていった。

三月十三日、「都民ファーストの会」と公明党は、七月の都議選で選挙協力することを正式に発表した。

公明党と国政で連立を組む自民党をはじめ、永田町には動揺が走った。

小池はこの日、都議会の公明党幹部と会談し、選挙協力に向けた政策合意書を受け取った。

「都民ファースト」は、全四十二選挙区に擁立する方針だ。

一方、公明党は、二人区の荒川区のほか、三人区以上の二十選挙区で公認候補を立てる。選挙協力は、新党が公明の全候補を、公明が荒川区以外の一～二人区で新党の候補をそれぞれ推薦することになった。

一～二人区の現職の多くは、自民党と民進党所属議員だ。

小池率いる新党は、公明の支持母体である創価学会の後押しを受け、自民党を追い落とす戦略だ。

連携する公明党にとっても、小池の改革を支持する無党派層の票を取り込めるとの計算がある。

選挙が近づくにつれて、小池は、じょじょに自民党への批判を強めていった。

五月二十日昼、東京の田町駅前で演説した小池都知事は、痛烈な自民批判を繰り返した。

「忖度政治、これこそ自民党都連そのものだと断言しておきます」

「自民党都連では東京を引っ張る力はない。足を引っ張る力はある」

この日、小池は初めて、特別顧問として率いる地域政党「都民ファーストの会」の立候補予定者とともに街頭演説で都内五カ所を回った。

国政で問題になっている森友学園問題や加計学園問題でのキーワードである「忖度」を取りあげた。

矛先は、昨夏の就任後から対立する自民党都連のみならず安倍政権にも向かった。

「女性の社会進出を促す国の政策は急に言い出したでしょ、安倍政権が。でも本質を理解していないから形だけ」

小池はこれまで、二〇二〇年東京五輪などを巡る国との連携も重視し、自民党都連は批判しつつも、安倍政権への批判は控えていたが、ついに舵をきった。

自民VS都民ファーストの構図

五月三十日、東京都議選に向け、小池は、特別顧問を務める地域政党「都民ファーストの会」の代表に就く意向を明らかにした。

これまでは公務による多忙を理由に就任を控えてきたが、名実ともに「選挙の顔」として都議選で戦う姿勢を明確にした。

小池は、この日報道陣に向けて、はっきりと語った。

「改革のスピードを上げていくという観点から、自ら代表を務める」

小池は、六月一日に「都民ファーストの会」が開く決起大会で代表に就く考えを示し、野田数代表と交代する考えを明らかにした。

その一方で、小池は自民の衆院議員から知事に転身した経緯があり、現在も自民党員のままだ。自民党に籍を残した状態で「都民ファーストの会」代表に就くという異例の形になる。

小池はこの日、党籍についても語った。

「自民側に進退伺を出しており、自民党に判断いただければ」

小池が率いる「都民ファーストの会」の公認予定者四十八人は、この日の総決起大会に勢ぞろいした。

小池は壇上の公認予定者四十八人を紹介した。

「商社マン、弁護士、医学博士。すごい人材がそろった」

公認予定者たちは、自民党や民進党から移った地方議員経験者が十九人。半数の二十四人はこれまで政治経験のない人たちだ。

その多くは、小池が開講した政治塾「希望の塾」の塾生たち。

このうち都議選対策講座に応募した約一千人を、一般教養テストや政策立案にかかわる論文で選抜し、面接などで絞り込んだ。

一方、小池との決別がはっきりしたことで、自民党内は対決姿勢を前面に出す動きが強まった。

六月一日夜、東京都豊島区のホテルで開かれた自民党都議の総決起大会で、菅義偉官房長官は、徹底的に批判した。豊島区は、小池の衆院議員時代の選挙区であり、お膝元での激しい批判であった。

「東京は、待機児童が圧倒的に多い。小池さんが知事になって一年。ほとんど減ってない」

都議選に向けて、小池と自民党の対立は、さらにヒートアップをみせた。

六月二十日、小池都知事は、東京都の築地市場（中央区）の豊洲市場（江東区）への移転問題を巡り、「豊洲移転、築地も五年後をめどに再開発」とする基本方針を発表した。

小池は記者会見で語った。

「築地は守る、豊洲を生かす」

「築地ブランド」への執念を見せる一方で、これまでの「中央卸売市場」としての機能は豊洲に移すと明言した。

小池の判断の背景には、都議選への影響を最小限にとどめ、選挙後の都政運営を円滑に進めたいとの狙いがあった。

六月二十三日に告示された東京都議選は、支持率下落に直面する安倍内閣の消長を占う選挙となった。

都議選の第一声で異例の反省を口にしたのは、自民党都連会長の下村博文幹事長代行だった。

「自民党も反省しなければならない。おごることなく、野党の時の謙虚さをもう一度かみしめたい」

下村の演説に対して、支持者の拍手はまばらだった。

森友学園問題や加計学園問題への政府対応などが世論の強い批判を招き、六月十六日に事実上閉幕した通常国会直後の報道各社の世論調査では、内閣支持率が軒並み下落していた。

告示前日には、週刊誌に秘書への暴行を報じられた豊田真由子衆院議員が離党届を提出するなど、スキャンダルは続出した。

下村とともに都議選を仕切ってきた萩生田光一官房副長官は、告示日のこの日、街頭に立たなかった。

前日までは地元の八王子市に入る意向だったが、キャンセルした。

加計学園問題を巡って、萩生田が関与したとする文書が見つかり、プラスにならないとの判断が働いたからだ。

自民党にとっては、長年協力関係にあった公明党とたもとを分かったのも痛手だった。公明党の支持母体・創価学会の強固な組織票が計算できないからだ。

告示日の夕方、小池知事が向かったのは、公明党候補の応援だった。

小池は、公明党が「最重点区」と位置づける都内五か所を巡り、呼びかけた。

「公明党の皆さんと新しい都議会を作っていこうではありませんか」

小池が代表を務める「都民ファーストの会」は今回五十人の公認候補を擁立した。しかし、それだけでは都議会の過半数の六十四議席には届かない。

強固な支持基盤を持ち、過去六回の都議選で連続して全員当選を果たした公明党との連携は不可欠だった。

このため、小池は公明党に最大限の配慮をしてきた。

公明党が求める都内私立高校授業料の実質無償化を実現し、六月二十日に発表した築地市場（中央区）の移転方針でも、「築地市場の再整備」という表現を、公明党に配慮して「再開発」と言い換えた。「築地市場の再整備」は公明党とライバル関係にある共産党が強く主張していたからだ。

一方の公明党側も、都議選を控え、小池の高い人気が魅力であった。市場の移転問題では、小池の意向を酌む形で、移転の経緯を検証するために強力な調査権限を持つ百条委員会の設置を主導した。公明党が都議会で、四十年近い自民党との協力関係を破棄したのは、小池と「都議選で勝利する」という思惑が一致したためだ。

小池は挫折の向こうに何を見ているのか？

七月二日、東京都議選は、投開票が行われた。

今回の都議選は、昨年八月に就任した小池知事に対する事実上の審判として注目を集め、投票率は前回を七・七七ポイント上回る五一・二七％だった。

都民ファーストは小池知事の高い人気を背景に、五十人の公認候補者のうち、島部の一人を除く四十九人が当選を果たした。

また、当選した六人の無所属の推薦候補についても、公認に切り替えることを決めた。

今回二十三人を擁立した公明党も七回連続で全員当選を果たし、小池知事を支持する勢力は七十九議席を確保し、過半数の六十四議席を大きく超えた。

一方、自民党は、都議会議長などが相次いで議席を喪失。過去最低だった平成二十一年と昭和四十年の三十八議席を下回り、さらに改選前議席の半分以下の二十三議席に終わった。

この選挙結果は、加計学園問題などで支持率の低下に悩む安倍政権にとってさらなる大きな打撃となった。

第四十八回衆議院選挙。小池は都知事選、都議選で吹いた「風」を国政でも再現させようと、希望の党を立ち上げた。

小池は都知事でありながら、「希望の党」の代表に就任した。「いよいよ総理を狙いに出たのか」とマスコミは騒いだが、周知の通り頓挫した。

平成二十九年十月二十二日に行われた第四十八回衆議院選挙で、希望の党は比例代表では九六七万七五二四票を獲得したが、公示前議席五十七から七議席減の惨敗であった。小池は「希望の党」の代表を降りざるを得なかった。

しかし、小池のことだ。爪を磨きながら、さらなる戦いに挑む時機を待っているのであろう……。

第6章

孫正義

経済界の掟

「メインバンクの意向は絶対である」

ソフトバンク社長の孫正義は、アメリカでもすさまじい勢いでM&Aをつづけていた。日本では、長い間メインバンクである第一勧業銀行をはじめ、日本興業銀行、日本長期信用銀行から協調融資で買収資金をまかなう。狭い日本の国内の市場だけで戦うのであれば、国内の慣例、習慣に従えばいい。

だが、世界と戦うために突き進むためには、協調融資団の呪縛は振りほどかねばならなかった。ただし、日本の慣例からいうと、メインバンクをふくむ協調融資団を切り捨てるというのは、あくまで掟破りである。

ところが孫は、アメリカでのM&Aを有利に進めるため、あえてコアバンク制に切り替えたのである。

メインバンク制度のように、融資のシェア割りや社債管理といった業務をすべてひとつの銀行に委託するのではなく、金融取引の核となるいくつかの銀行、コアバンクにひとつひとつの案件を提示する。案件を出した企業は銀行同士の競争により、より有利な条件を引き出すことができる。これまでもたれ合いだった金融界に競争をもちこみ、より有利な条件を引き出す財務戦略を展開した。

あきらかな掟破りである。

一億円を借りにきた二十四歳の若き経営者

企業にとってメインバンクの指示こそ掟である。

現在こそ世界のソフトバンクだが、立ち上がりのころは、そのメインバンクさえ獲得するのに大変であった。

第一勧業銀行麴町支店長の御器谷正之は、麴町支店にある応接室で、二十四歳の若き経営者であるソフトバンク社長の孫正義と会った。

孫は、おだやかに、かつさわやかに、そして理路整然と話を進めた。

コンピュータは、アメリカでは広まっていて日本でもひそかなブームになりかけている。御器谷の頭に入っていたコンピュータに関するおぼろげな知識が、孫の整理された話で引き出された。

しかも、融資する側である御器谷が聞きたいツボをみごとにこころえている。弁舌型とは言えないまでも、話ひとつひとつに説得力があった。素直な話し方にも好感がもてた。

御器谷が「それは違うでしょう」と指摘したときにも、まったく顔色を変えることはなかった。

「おっしゃることはごもっともですが、こういうことです」

おだやかに答えが返ってきた。

御器谷は、いつの間にか孫の話に引きこまれていた。

〈これはいけるかもしれない……〉

御器谷は、仕入れはどうするのか、どういう販売方法をとるのか、売る場所はどうなのか、現金回収はどうするのか……プロの銀行マンとして聞いておかなければならないことをひととおり聞いた。

孫は、一応話し終わると御器谷に頼んだ。

「運転資金として一億円をご融資いただきたい」

どうしてもといった切羽詰まった言い方ではなかった。むしろ、わかっていただけるとありがたい、そんなおだやかな口ぶりだった。

御器谷は言った。

「過去三年の営業報告書、バランスシートと損益計算書を出してください」

孫は言った。

「いえ、まだできたばかりでそんなものはありません」

「では、どういう客があって、どういう取引があるんですか」

「仕入れ先は、おもにハドソン、販売先は上新電機です。これをきっかけにしてソフトの流通を広げていきたいと思っています」

「担保はどうですか」

孫ははっきりと言い切った。

「担保はありませんし、保証人も頼むのは嫌なんです。しかし、プライムレートで貸してください」

保証人なしというケースは、受取手形を割り引くときにはままある。しかし、融資の場合にはほとんどなかった。少なくとも、御器谷が出会ったケースではない。

しかも、いくら有望な企業であろうと、孫がいかに信用できそうな人物であろうと、はじめての取引相手の条件として、最優遇貸出金利のプライムレートで一億円を融資してほしいというのは度が過ぎていた。融資案件として通すことはかなりむずかしい。

頼む孫もまた度胸がすわっている。

御器谷が支店長でなく、たんなる融資課員であれば、その場でこの融資話は消し飛んだに違いない。

御器谷は、さすがに笑みを漏らした。

「なんとご返事していいのか」

「情熱だけは、だれにも負けません！」

取引は情熱でとることはできても、銀行は情熱だけで融資してくれるはずがない。孫も、それはよくわかっていた。しかし、いまの自分の武器は相手に自分の熱い情熱で訴えかけるしか手はなかった。

御器谷はその話に耳をかたむけた。

「そうですか……じゃあ、信用調査のできるところはありませんか」

情熱だけでは動かないはずの銀行の支店長の心が、かすかに動いた。

孫は、できることならほかの人たちの力を借りずに自分の力だけで融資を受けたかった。しかし、それしか方法がないというのであれば仕方がなかった。

「取引がはじまっているのは上新電機さんです。あと、直接の商売ではないですが、自分がここまで来たのはシャープさんに引き立ててもらったおかげですし、専務の佐々木正さんには現在でも力を貸してもらっています」

孫は、カリフォルニア大学バークレー校経済学部時代に音声つき電子翻訳機を発明してシャープに一億円で買ってもらったことを簡潔に話した。

御器谷は、支店長室にもどると電話をとり、先輩である難波支店長の山内和彦に連絡をとった。

「日本ソフトバンクという会社が融資の依頼にやってきた。上新電機さんとも取引があるらしい。そこのところを、上新電機の浄弘社長に聞いてみてはくれませんか」

上新電機は第一勧業銀行の得意先であった。御器谷も大阪の支店にいたころ、何度か出入りしたことがある。

その日の夕方、山内から電話が入った。その声ははずんでいた。

「日本ソフトバンクはいけるよ！」

山内は、わざわざ上新電機まで足を運んでくれたらしい。じかに浄弘社長に会って、ソフト商品の売り方や流し方を訊いた。

上新電機の浄弘社長は、山内を店内の家電売り場の一コーナーに連れて行って胸を張ったという。

「家電売り場にこんなにソフト売り場があるのは、日本におれのところくらいなもんだ。日本ソフトバンクもきちんと仕入れをしてくれそうだ」

上新電機の代金も、第一勧業銀行難波支店経由で麹町支店に振りこまれる確証がとれた。

一方、第一勧業銀行の常務からシャープ専務の佐々木正に電話が入り、孫についてきた。

佐々木はきっぱりと答えた。

「孫正義に融資してやってください。わたしが保証します」

常務は電話口で冗談まじりに聞いてきた。

「あなた、全財産出してでもやりますか」

佐々木は、はっきりと言い切った。

「やる以上は、生命を賭けてもやりますよ」

常務としては冗談のつもりで聞いたのだったが、あまりにも佐々木が気合をこめているため、冗談が冗談ではなくなってしまった。

常務も力をこめて言った。

「そこまで考えていらっしゃるなら、こちらも考えましょう」

孫がふたたび麹町支店を訪れたのは、それからしばらくしてからのことである。

御器谷が表を差し出した。

「失礼ですが、こちらでおたくについて採点させていただきました」

孫はその表を見つめた。事業実績から担保、取引先から将来性にまでおよぶ項目がずらりとならんでいる。それを一項目ずつ合計で一五点満点で採点している。

御器谷は説明をはじめた。

「率直に言うなら、日本ソフトバンクさんはまだ事業実績もない。そのうえ担保もない。これは融資を考えるうえでマイナスポイントになります。どう考えても融資はできない」

「そうですか……」

孫は、さすがに肩を落とした。

御器谷がつづけた。

「将来性の項目以外で計算すると、マイナス一五点にもなってしまいます。ただし、将来性だけは十分にあります。それだけはプラス一五点」

ということは、将来性のポイントとほかのポイントを差し引きすれば、ポイントはゼロになる。孫にとっては希望の灯が見えてきた。

御器谷は淡々としていた。

「それに、孫さんの言われたシャープさん、上新電機さんに問い合わせたところ、シャープの佐々木正さん、上新電機社長の浄弘博光さんが、あなたの人物は保証すると太鼓判を押してくれました」

御器谷は、笑みを浮かべた。

「あとは、わたしの判断ということになりまして……」

孫は身を乗り出した。

「で、どうでしょうか」

「一億円をプライムレートでお貸ししましょう。わたしはあなたの将来性に賭けてみます」

「ありがとうございますッ！」

孫は深々と頭を下げた。

御器谷は、自分がどうしてもやりたかった日本ソフトバンクへの融資を果たすことができてうれしかった。

〈五年先、十年先、いい会社に成長してほしい〉

山に樹を植えたような、そんな気持ちだった。その後、御器谷は孫のことは融資課の部下にまかせた。

部下から報告を受けた。

「うまく運転資金が回りはじめたようですよ」

孫は、第一勧業銀行をメインバンクにすることに成功した。

企業にとってメインバンクの指示こそ最大の掟である。

「売るならぼくに売ってくれ」

ソフトバンク社長の孫正義のM&A（企業の合併・買収）のアメリカでの動きはすさまじかった。

孫は、一九九三（平成五年）年秋、ラスベガスのコムデックスのミーティンググループに急いだ。マサチューセッツ州に本拠をもつインターフェイス・グループは、ラスベガスの有名なカジノをもつサンズホテルをはじめ、航空機部門、コムデックスなど五つの事業部門を持っていた。シェルドン・G・アデルソン会長とは、一九八五（昭和六十）年八月に日本で初めて会い、同じアントレプレナー（起業者）として気が合っていた。

孫は、ミーティングルームに入るや、アデルソン会長に、いきなり切り出した。

「わたしは、このコムデックスを所有することになります」

交渉どころか、売る側の条件や買う側の条件も話していない。買収に関しては、まだお互いの頭のなかは白紙だったにもかかわらずである。

アデルソン会長が訊いた。

「十分な資金はあるのか」

孫は、はっきりと口にした。

「まだありません」

アデルソン会長が訊いた。

「あなたは、どうしてコムデックスを？」

「パソコン業界が好きなんです」

孫は、冗談まじりにつづけた。

「資金はないが、事業を展開していくうえで、わたしは中立なインフラを提供していきたい。コムデックスはその考えにまさに合っている。売る気持ちがあるのなら、よそに売らないでぼくに売ってくれ。資金はないが、我が社の名はソフトバンクだ。いかにも金の入りそうな名前でしょう」

今度は、孫が質問した。

「コムデックスは、どうしてラスベガス以外に出て、どんどんショーをやって大きく展開しようとしないのですか」

アデルソン会長が、自信をもって答えた。

「すでに成功していて、十分な利益をあげている。これより大きくなることには関心がない」

展示会を開けば、世界各国のビジネスマンがラスベガスに足を運んできた。わざわざ世界各国にコムデックスの方から出向く必要はない。そう感じているようであった。

孫は、その考え方を否定した。

「ラスベガスは、あなたがたが思っているほど大きくはない。むしろ、世界から見れば小さい。そんなところに、世界中の人たちが来られるわけがないではないですか。

ぼくが買えば、コムデックスを世界規模で展開していきます」

孫は、データを片手に熱弁をふるった。

「客は待っているのではなく、こちらから攻めて行って、インフラやほかのサービスを提供しなければならない。そういう努力をしないのは、企業ではない」

そして、自分の経営スタイルである権限を委譲して仕事に責任を明確にすること、担当者が責任の概念のもとに仕事をやっていくこと、その動機付けのためにはどういうインセンティブ制度が必要かを説いた。

アデルソン会長は、おもしろいことを言うやつだと言わんばかりに、にやりとした。

孫は一気にたたみかけた。

「そのうち金が用意できるから、人に売らないで欲しい。ぼくは、必ず名乗りを上げるから」

アデルソン会長は、笑みを浮かべた。

「おまえの話はよくわかった。金ができたらまたおいで」

ジフ・デービスの展示会部門を買収

孫は、一九九四（平成六）年六月、秘書からFAXを受け取った。送り主は、ソフトバンク・アメリカ社長のテット・ドロッタであった。

『「PCWEEK」の出版元であるジフ・デービスが、出版部門と展示会部門を売りに出す。会長であるウィリアム・ジフは病気がちで、息子に継がせたいと思っていた。が、息子のほうは、財産を使ってインベストメント・バンカーをやりたいと言って、まったく継ぐ気持ちはないらしい。ウィリアム・ジフは、仕方なく売りに出す』

ジフ・デービスは入札方式で決めるという。ジフ・デービスことジフ・デービス・コミュニケーションズは、アメリカ・ニューヨーク州にある。出版部門はコンピュータ関連雑誌の発行では世界最大手である。展示部門は、情報ネットワークの世界最大級の総合イベントであるインターロップを企画・運営し、孫が手に入れようとしているコムデックスの最大のライバルである。年間売上高が約九千万ドル。

はじめての大型買収である。

〈必ず、成功させてみせる〉

すぐさま入札の準備にかかった。世界一の投資銀行モルガン・スタンレーと、会計監査では世界で一、二位を争うプライス・ウォーター・ハウスを味方につけた。バンク・オブ・ニューヨーク、チェース・マンハッタン、シティ・コープといったアメリカの銀行に融資を申し込んだ。

驚いたことに、三行ともに一週間で一千数百億円もの資金を無担保で融資すると回答してきた。

孫は、あまりの素早さに舌を巻いた。

〈一度も取引がなかったのに、こんなに簡単に出してくるとは〉

アメリカでは、M&Aは当然の経済活動として行われる。さまざまな経験とノウハウがある。ソフトバンクを調査し判断するにしても、一刻も早くしなければならないことも常識として知っていた。

孫が、そのうちのひとつの銀行を選べば、その銀行がシンジケート（複数の金融機関からなる協調融資団）を組み、一千数百億円を調達してくれることになる。

孫は、バンク・オブ・ニューヨークを選んだ。担当者は孫にコミットメントレターを渡した。

「入札の際には、これをジフ・デービスに渡すんです」

つまり、資金調達ができる保証書である。

孫は、買収に関してはほとんど知識がなかった。はじめてそのようなものがあることを知った。

ジフ・デービス出版部門買収のために残った課題は、残りの数百億円の調達だけだった。孫は、これまで取引していた日本の銀行に融資を頼んだ。日本の銀行はアメリカの銀行と違い、M＆Aには慣れていない。判断するのに時間がかかった。

担当者は言ってきた。

「入札期限に間に合うように、返事はします」

孫は、入札を五日後に控え、ニューヨークに足を踏み入れ、現地のチームと最終的な詰めに入った。しかし、内心おだやかではなかった。

〈いくら入札価格が決まっても、日本の銀行がゴーサインを出してくれなければ不可能だ〉

さすがに、じりじりとしていた。

時間が経つにつれて、融資する銀行の回答がニューヨークの孫のもとに送られてきた。

入札当日の一九九四年十月二十五日の夜明け前、すべての銀行が融資を決定した。残りの調達も目処が立った。孫はまったく疑いもしなかった。

〈これで、ジフ・デービス出版部門はおれの手に入ったようなものだ〉

ところが、正午の時報を聞いて間もなく、ジフ・デービス側の投資銀行であるラザード・フレールの社員から、孫に連絡が入った。

「フォーストマン・リトル社が、プリエンプティブ・エクスプロッシブ・ビット（単独交渉権）を得て、この入札は終わった」

孫には、いったい何を言われたのかさっぱりわからなかった。入札が打ち切られることがあるとはまったく予想だにしていなかった。

が、孫は落ち込んでばかりはいられなかった。考えなおした。

〈ジフ・デービスの出版部門は駄目だったが、インターロップなどを行っている展示会部門を狙おう〉

展示会部門は、自分の個人持ち株会社ＭＡＣで買い取ることにした。算出の結果、ソフトバンクが一億二千七十万ドル、ＭＡＣが八千百三十万ドルを出資して入札することが決まった。

短時間で計算したにもかかわらず、競合相手に二百七・二万ドルの差をつけて、見事ジフ・デービス展示会部門を相手とほとんど差のない効率的な価格差で落とした。孫は、理想的な形ではじめて大型買収に成功したのである。

孫は、一九九四年十一月二日に発表した。

「ジフ・デービス・コミュニケーションズの展示会部門を買収いたしました」

展示会部門を手中におさめることによって、計りしれない影響力をもつことになった。ソフトバンクは、この買収を機にネットワーク事業の実績をアピールできる。顧客拡大にもつながる。

孫は、世界に羽ばたく第一歩を大きく踏み出した

コムデックスを協調融資で買収

孫は、世界一の展示会であるコムデックスを所有するインターフェイス・グループのシェルドン・G・アデルソン会長に電話を入れた。

「一年前の約束どおり、コムデックスを買収したい。至急、会ってほしい」

交渉の日、コムデックスのミーティングルームには、八人ほどの役員が孫を待っていた。

値段の折衝をはじめ、買収について必要な話が進められた。孫は、ころあいを見てアデルソン会長に誘いかけた。

「一対一で、話し合おう」

ミーティングルームを出てふたりだけで話し合うことにした。孫は、アデルソン会長の眼をしっかりと見据えた。

「ぼくは、この金額について駆け引きはしない」

「わかった」

「一回だけ金額を言ってくれ。その金額が高すぎたら、一切の交渉なしですぱっとあきらめる。ある程度のリーズナブルな範囲なら、一切の値切り交渉なしで決意する。ぼくが思う範囲でちょっとでも高かったら交渉は無しだ。いいですね」

孫は、いよいよ勝負に出た。

「さあ数字を言ってください。そのかわり、さっきも言いましたが、一発回答だ」

アデルソン会長は孫をじっと見据え返してきた。「この男は、駆け引きでなく本気で決意している」と感じたのか。

孫も、相手の目を見据えた。アデルソン会長の眼が、かすかにやわらいだ気がした。

「よし、八億ドル（八百億円）だ」

孫が睨んでいたのは七億五千万ドルから八億五千万ドルであった。

孫は、握手を求めて黙って手を差し出した。アデルソン会長はその手を握った。交渉は成立したのである。

ソフトバンクは、コムデックス買収資金八億ドル（八百億円）を調達するために、一九九五年三月十七日、公募価格九千六百九十六円（スプレッド方式）の時価発行増資を行ない、百八十一億円を調達した。残りは普通社債百億円の発行と銀行を中心とした借り入れでまかなうと、孫は発表した。

そのとたん、孫のもとに銀行から融資させてほしいという話が殺到した。なかには、孫に電子メールでメッセージを送ってくる銀行関係者までいた。

孫は、日本の銀行からの協調融資でまかなうことに決めた。日本興業銀行、第一勧業銀行、日本長期信用銀行などから、計五百三十億円を異例の無担保・無保証で借りることにした。

じつは、孫がジフ・デービス出版部門買収に名乗りをあげていたとき、アメリカの投資銀行は無担保・無保証で一千二百億円を融資すると決めた。それも、わずか一週間で総資産五百億円にも満たないソフトバンクに融資を決めてしまったのである。日本の銀行とは大変な違いだった。

このことが、それまで有担保主義をとっていた日本の銀行団に風穴を開けた。

一九九五年四月、孫はインターフェイス・グループ展示会部門のコムデックスを買収した。

協調融資団にがんじがらめにされていた孫正義

このコムデックスの買収後、ソフトバンクの資金調達法にドラスティックな変化が起こった。

北尾吉孝がその方法を進めたのである。

一九九四（平成六）年七月二十二日のその日、コンピュータソフトウエア流通企業として一般に知られていたソフトバンクが、東京証券取引所に店頭公開を果たした。証券会社最大手である野村證券は、その幹事証券会社となっていた。

野村證券事業法人三部長の北尾は、その日はじめて、孫正義と顔を合わせた。

孫は、世間を驚かせつづけるM&A戦略について、熱っぽく語りはじめた。

「あくまでも、デジタル情報インフラを押さえようと思っています。それ以外の領域には興味をもっていません。そのインフラとは、流通インフラ、ネットワークインフラ、情報インフラ、サービスインフラ、そして、展示会インフラです」

それから、業績が長期的にも短期的にもしっかりしていることをはじめ、買収合併する際の企業のいくつかの条件をまくしたてた。

ニューヨークのビジネスマンから、「ミスター・キタオは、ジャパニーズ・ジューイッシュだ」と舌を巻かせるほどの交渉力を誇る北尾は、自分よりも六歳若い、三十歳代半ばの若き経営者に惚れ惚れとした。気風のいい話ぶりには、さわやかな風が吹いているようにさえ感じられた。

〈自分の意見を、ここまで明確に語れる経営者は、日本には数少ない。世界でビジネスができる逸材だ〉

孫も、北尾には、何か通じるものを感じたらしい。

「北尾さんなら、どんなときでも本社にいる限りすぐにお会いしますから、遠慮なく声をかけてください」

北尾が、孫とビジネスではじめて関わったのは、平成七年のことである。孫は、インターフェィスグループのコンピュータ展示会コムデックスの買収にむけて交渉を進めていた。

買収額は、八百億円。孫は、そのうちの半分以上にあたる五百三十億円を、日本興業銀行を中心とした協調融資団から調達することを決めた。北尾は、銀行から融資を受けるよりも、もっと合理的な方法を知っていた。

北尾は、孫にアドバイスした。

「銀行から融資を受けるのは、どうかと思います。野村證券なら、社債を発行することで資本市場から資金を調達できます。五百億円だけでなく、買収に必要な八百億円すべて調達できます」

孫は、にっこりとした。

「北尾さんの提案は、とてもありがたい。しかし、今回は、日本興業銀行をはじめ各行が、協調融資のために徹夜で奔走してくれています。北尾さんが協力してくれるので、もう融資は結構ですとは、さすがに言えません」

孫は、北尾に話した五つのインフラのうちのひとつに数えた展示会インフラの、それも、コンピュータ業界では最大のコムデックスをいよいよ買収できるのである。北尾が提案する融資案件を検討する余裕までは、さすがになかったのかもしれない。

北尾は、ビジネスマンとして、孫の心情も理解できた。無理強いはしなかった。

「そうですか。では、野村證券も、責任をもって資金調達するつもりがあることを、頭の片隅に置いて、銀行と交渉してください」

もしも、孫の脳裏に、野村證券が切り札としてあれば協調融資団との交渉はまったく違ってくる。とても呑むことのできない条件があれば、突っぱねられる。北尾は、精神的にサポートをしたつもりであった。

しかし、孫は、協調融資団の条件をほとんど呑んだ形で契約を交わした。そのことが、のちに孫を苦しめることになる……。

一九九五（平成七）年四月下旬、当時中央区日本橋浜町にあったソフトバンクでの打ち合わせを終えた北尾は、孫に引きとめられた。

「北尾さん、一分だけ時間をいただけますか」

孫が、これまで、北尾だけを呼び止めることはなかった。

孫は、単刀直入に切り出した。

「CFO（最高財務責任者）として、うちに来てくださいませんか」

北尾は、一九九五年五月、ソフトバンクに顧問として正式に入社し、同年六月に財務担当の常務取締役となった。、
北尾は、入社後ただちに財務関係の資料という資料に目を通した。その結果、深刻な気持ちになった。

〈これでは、次のM&Aは無理だ〉

北尾が思っていたとおり、ソフトバンクは協調融資団によってがんじがらめにされていた。その契約条項にはひとつの制限条項が加えられていた。

「融資残が一定額以上あるうちは、次に八十億円以上の買収をするときには主要各行の承認を受けなければならない」

融資団に入っている銀行のひとつでも承認しなければ買収はできない。買収をするなら融資団が貸した五百三十億円を返済してからにしなさいという意味である。この

ころ、資金調達は、あくまでも銀行からの間接融資がほとんどであった。銀行からの融資がなければ、事実上の買収凍結である。

協調融資の呪縛を振りほどく

コンピュータ業界をはじめとするデジタル情報産業は、一分一秒ごとに世界規模で大きく広がっている。ソフトバンクは、最先端を突っ走るためにもM&Aや新規事業進出で積極的に拡大策を推し進めなければならなかった。

孫自身も、主要銀行の制限事項には頭を痛めていた。

「マイクロソフトのビル・ゲイツやインテルのアンディー・グローブが時速百キロメートルで走っているのに、ソフトバンクは時速十キロメートルで走って追いかけようと言っているようなものだ。指をくわえて七年も待っていたら急速な変化についていけなくなり、世界の動きから永久に置いてきぼりを食らう。それはソフトバンクの死をも意味している」

孫は、北尾に打ち明けた。

「狙いを定めている企業もすでにいくつかありますが、制限条項に縛られて動けない」

北尾は言い放った。

「絶対に財務制限条項を撤回してもらわなければいけません。契約してから半年も経たないうちに、契約を撤廃するとなると、銀行さんもきっと怒るでしょうが、そうするしかありません。財務制限条項撤廃にむけて動きます」

北尾は、まず日本興業銀行の担当者と話した。担当課長の反応は、北尾が思っていたとおりだった。

「契約したばかりです。当分、それは無理ですよ」

「契約改訂するには、どうしたらいいですか?」

「返済するしかないですね」

「それじゃあ、社債を発行してお返しします」

「結構ですよ」

担当者は、店頭公開したばかりのソフトバンクが五百億円にもおよぶ社債を発行できるわけがないと決めてかかっていた。そのような例は、過去に一度もなかったからである。

北尾は、その足で、ソフトバンクの社長室へとむかった。北尾は、孫に言った。

「全額、返済しましょう」

孫は、驚いた顔で北尾を見た。

「五百億円もあるんだよ」

北尾は、力強くうなずいた。

「大丈夫です。社債を発行すれば、資本市場から調達できます。返済するだけでなく、ジフ・デービスをはじめとした、社長が狙う企業を買収する資金も調達します」

「調達のほうは、すべて、北尾さんに任せます」

狭い日本国内の市場だけで戦うのであれば、国内の慣例・習慣にしたがえばいい。だが、世界と戦うために突き進んでいるいま、協調融資団の呪縛は振りほどかねばならなかった。

それまでの日本の慣例からいうと、メインバンクをふくむ協調融資団を切り捨てるというのは、あくまで掟破りである。それを実行しようというのだ。

社債を発行することを決めた北尾は、メインバンクである日本興業銀行に出かけた。

担当課長に、社債管理会社になってもらえるように頼んだ。

担当課長は、さすがに断った。

「うちでは、そのご要望にはお応えできません」

北尾は、念を押した。

「社債の管理会社になっていただけないとなれば、ほかの銀行にお願いせざるを得ませんが、かまいませんか」

「どうぞ。かまいませんよ」

北尾は、いくつかの主要銀行に社債管理会社になってくれるよう頼んだが、ほとんど断られた。

唯一、引き受けてもいいと名乗りを上げたのは、東京三菱銀行であった。しかし、北尾が、胸を撫で下ろしたのもつかの間、数日後には断ってきた。

北尾は、ある噂を耳にした。

「受託発行界の長として圧倒的な力をもっている日本興業銀行が、裏から手をまわし、東京三菱銀行に断らせたらしい」

銀行側としては、協調融資をつづけさせたかった。既得権である社債管理手数料という、いわゆる、眠り日銭を取れる仕組みを長く維持したいのである。

北尾は、最後の手段に出る覚悟を決めていた。

〈財務管理方式に、切り替えよう〉

これまで、社債を発行するには社債管理会社を置かなくてはならないと商法では義務付けられていた。ただし、平成五年十月の商法改正によって改定されていた。社債発行券面が一億円以上、社債購入者が五十人以下という場合に限り、社債管理会社を置かなくてもよいというのである。

代わりに、財務代理人を置けばいい。

だが、管轄省庁である大蔵省（現・財務省）の反応は、微妙であった。証券局は積極的に賛成し、銀行局は二の足を踏んでいた。

北尾は、古巣である野村證券に相談した。財務代理人方式での社債発行に、野村證券が協力してくれる可能性を探った。

野村證券としては、前向きに動いてくれることになった。さらに、野村信託銀行も、大蔵省が了承し発行が可能となれば、日本初の財務代理人に就任することで話はまとまった。

北尾が財務代理人方式による社債発行を目論んでいることを知った日本興業銀行をはじめとした銀行の担当者は、さすがにあわてた。

一九九五年の八月、海外に出張していた孫社長に電話をかけた。それだけでなく、帰国した孫を、成田空港の到着ロビーで待ちかまえていた。

「おたくの北尾さんは、とんでもないことをやりますよ」

孫は、銀行の担当者が何を言っているのか、さっぱりわからなかった。財務制限条項の撤廃にむけて動くことは、北尾の口から聞いていたが、そのための具体的方策はまったく聞いていなかったのである。

中央区日本橋浜町のソフトバンク本社に戻ると、そのまま、北尾のデスクへとむかった。

「北やん、これはいったいどうなっとるのかなあ？　いろんな銀行から、ひっきりなしに電話がかかってくる」

北尾は、これまでの経緯を話した。

孫は言った。

「わかった。じゃあ、明日は土曜日だが、役員会を開いて、ほかの役員にも説明してくれんか」

北尾は、翌日の土曜日に開かれた臨時役員会で、財務代理人方式を説明した。おそらく、北尾の言っていることを十分に理解できた役員がどれだけいたかわからない。本当に大丈夫かといぶかしむ役員もいたろう。

いずれにしても、北尾の提案を、役員たちは了承した。もしも財務代理人方式による社債の発行を、大蔵省が認めないのならば、大蔵省を相手取って行政訴訟を起こすといったところまで突っこんだ話となった。

孫が、会議を締めくくった。

「我々は、日本興業銀行さんにも、第一勧業銀行さんにも、恩義がある。興銀なかりせば、勧銀なかりせば、ここまで来られたかどうかわからない。恩義だけは決して忘れてはならない。しかし、いまは誤解を受けて嵐のなかに入ったとしても、革命は進めていくべきだ。スピードをゆるめていくべきではない。これからの長い付き合いのなかで、我々が判断したことが正しかったことを行動で示していくしかない」

役員会が終わり、帰りかけたソフトバンク財務担当常務の北尾に、社長の孫が声をかけた。

「北やん、車で送っていくよ」

北尾は、断ったものの、孫は「いいから乗っていけ」と言わんばかり、半ば強引に北尾を車に乗せた。

北尾は、隣に座る孫の顔を見て言った。

「もし、こっちが思うように資金調達できなかったら、わたしを叩き斬って、興銀に侘びを入れてください。『すべて北尾がやったことで、ぼくはアメリカにいたし、知らなかった』そう言って、縒りを戻してください」

「北やん」

孫は、顔を北尾の方に向けてきた。ひとなつっこい笑みを浮かべた。

「ソフトバンクは、そんなことで潰れはしない。それに、ぼくは、興銀よりも、北やんを五百%取る」

そう言ってまた、顔を正面に向けた。

北尾は、六歳年下の経営者の横顔を改めて見つめた。五百億円など大したことない、と言った涼しい横顔に、言いようのない感情が湧き上がっていた。

〈六年前、つまり今の彼と同じ年のときに、おれは、こんなことを、さらりと口にで

きたろうか〉

底が知れぬほど度胸がすわっている。北尾も、外国人ビジネスマンたちを相手に、どのようなぎりぎりの場面でも怯むことなく立ち向かってきた。度胸には、自信があった。

だが、孫のその言葉を耳にした瞬間、自分の度胸は、野村證券という大組織に裏打ちされたものだと思い知らされた。ゼロから立ち上げ、いつ潰れるかわからない暗闇を走りつづけた男に備わった度胸に比べれば、大したことではない。それとともに、これほどでかい男といっしょに仕事ができるよろこびを噛み締めた。自分を育ててくれた野村證券社長であった田淵義久にも感じなかった感慨である。

〈ここまで言ってくれるのなら、命懸けでやろう……〉

日本興業銀行をはじめとした銀行は、大蔵省に再三再四、ソフトバンクの財務代理人方式での社債発行を認めるべきではないとの旨を伝えた。財務代理人方式での発行を推し進めようとする野村證券は、商法で発行が認められていることをなぜストップするのかと大蔵省に詰め寄った。

間接融資からマーケットマネー調達への転換

大蔵省は、野村證券と日本興業銀行を呼んだ。

「今回は、黙認する」

このことによって、ソフトバンクは、九月に五百億円の無担保普通社債（十二年債）を、当時としてはリーズナブルな、三・九％の利率で発行することができた。それ以後、社債発行のほとんどは、財務代理人方式となった。発行コストも下がり、社債の発行市場も急速に拡大した。

孫は、金融のプロである北尾を評した。

「北やんは、うちのために、野村で修業してきてくれたみたいだな」

海外に留学し、金融の専門的な知識や語学を身に付け、M&Aに関しては、伝説のM&Aのヒーローであるブルース・ワッサースタインが設立したワッサースタイン&ペレラで実地で勉強した。ファイナンスについては、野村證券でトレーニングをつづけてきた。それらは、まさに、ソフトバンクで大いに役立てるための修業だったのだと孫は言ったのである。

そういう孫も、北尾が入社したころこそ金融は素人であった。だが、その理解力の高さには、北尾は舌を巻いた。いまや、金融のプロになっている。集中力が尋常ではない。まさに、天才の天才たる所以である。

北尾も、ソフトバンクでかなり勉強できた。まったくわからなかったインターネットの世界が理解できた。自分が専門としてきた金融こそが、インターネットと最も親和性の高い事業であることもわかった。

もしも、この五百三十億円の融資に関して制限条項にしたがっていれば、おそらくソフトバンクにその後の快進撃はなかった。孫にとっても、ソフトバンクにとっても大きな決断だった。

なお、コムデックスと契約を交わしたころ、一ドル＝百円前後で買収額は日本円に換算すると八百億円であった。が、その後、支払い時期になると急激に円高が進み、一ドル九十二円での支払いとなった。約七百三十億円で買収できた。七十億円もの差額は大きかった。

いっぽうでは大金を投じての凄まじいばかりのM&Aに、ソフトバンクの経営を危ぶむ声も聞こえはじめた。

「あいつだけがバブルを引きずっている」

「気がふれたのではないか」

が、孫は自信満々で決断した。

〈事業を伸ばすにはブレイクスルーが必要なんだ。難関突破、飛躍的な前進、それがいまなんだ！〉

孫は、経営のポイントについてこう考えている。

〈科学的な人は多い。しかし、科学的な人にはリスクテーキングができない人が多い。博打を打つことができて、なおかつリスクの間合いの瀬踏みをする。経営のポイントはそこにある〉

北尾は、新株の発行と社債、それから転換社債の三つをさまざまに駆使して株式市場から資金を調達しつづけた。

それは厳しい選択でもあった。資本市場は一般投資家を相手にしている。彼らの眼は、ときによっては銀行よりも厳しい。少しでも悪材料があれば投資してはくれない。ソフトバンクに投資してもらうには、ソフトバンクがいつでも優良企業であることを示さなければならない。

第7章

田中角栄と竹下登

政界の掟

「派閥の長に逆らってはならない。派閥の中に新たな派閥をつくってはいけない」

ひとつの派閥を形成するのは大変なことである。特に中選挙区時代は、派閥の領袖でなければ自民党の総裁にはなれなかった。

さらに派閥の領袖となれば、派閥の連中にカネを配り、養っていたのである。ある意味株式会社の社長のような存在であった。

それゆえ派閥の領袖の権威は鉄の掟であった。

総理を退いてからも「闇将軍」として君臨しつづけたカリスマ田中角栄は、金脈問題で総理を退陣し、さらにロッキード事件で刑事被告人になったが、いま一度総理に返り咲き無罪を主張しようとしていた。

そこで、いつまでも他派閥から総理を担ぎつづけ、盟友の竹下を後継者に指名しようとしないことに金丸信がいらだち、ついにひそかに立ち上がった。なんと、田中派にいながら、田中派の若手を集め、派中派を作ろうとしたのだ。

派の領袖の権威は絶大である。特に田中派は、自民党の中でも最も団結力が強かった。鉄の団結といわれた。その派で領袖に逆らい、ひそかに派を結成することは、あきらかに掟破りである。

田中は、怒り狂い、竹下・金丸のつくった創政会潰しにかかった……。

竹下登を総理にという金丸信の野望

自民党幹事長で田中派幹部の金丸信は、東京都港区元麻布二丁目の自邸で、いつもの眠そうな眼をカッと見開き、中曾根康弘内閣の大蔵大臣でやはり田中派幹部の竹下登を口説きにかかった。

「オヤジ（田中角栄）は、佐藤（栄作）から禅譲されるんじゃなく、福田（赳夫）と争って、首相の座を奪いとった。政権は、口を開けて待っていても落ちてくるもんじゃない」

昭和五十九年十一月下旬の、朝の七時半すぎであった。

金丸は、いよいよ、竹下内閣実現のための旗あげを開始しようとしていた。ためらいを見せる竹下の腰を強引に上げさせていた。

竹下は、金丸の言葉を深刻な表情で受け止めていた。なにしろ、金丸は、かつて佐藤派から飛び出し、田中角栄が政権を奪いとるために命を賭けた。その金丸の言である。説得力は十分あった。

金丸は、竹下の煮えきらない態度に苛立つように言った。

「オヤジは、派閥の領袖を、ついに『平均寿命までやる』、と言い出している。平均寿命といやあ、七十五歳だ。そのときは、あんたは、六十九歳。それまで、待てねえだろう」

竹下は、ようやくうなずいた。

「わかった。よろしく頼みます」

金丸は、初めて顔をほころばせた。

〈いよいよ、この男を総理に担ぐときがきたか〉

竹下は、自分を「小型角栄」と任じている。が、口の悪い連中は、竹下を評し、「乾電池つきおもちゃロボット」とも、「あれは電子計算機じゃなく電池計算機だ」とも言う。なかには、「コンピュータつきブルドーザー田中角栄の能力は、ブルドーザー部分を金丸が、コンピュータ部分を竹下が受け継いでいるといえるが、ともに田中の迫力はない」と言う者さえいる。

金丸は、そういう声に対して思っていた。

〈よし、竹下とおれとががっちりと手を組み、コンピュータつきブルドーザーとして暴れまくってみようじゃないか〉

山梨県出身の金丸と島根県出身の竹下は、昭和三十三年の衆院選での初当選組であった。金丸は竹下より十歳年上で、自分が総理を目指すより、竹下を総理にとの目標を立てていた。金丸と竹下も造り酒屋の息子ということでより気が合った。金丸は、自分の長男の康信と竹下の長女一子を結婚させ、親戚関係を結ぶまでの縁の深さであった。

若手議員の人望厚い金丸は、昭和五十九年十二月十九日、港区赤坂の日商岩井ビル十九階にある金丸行きつけの高級フランス料理店「クレール・ド・赤坂」に、田中派の議員を極秘裡に集めた。声をかけ、この日来る都合のついたのは、橋本龍太郎、小沢一郎、梶山静六、羽田孜であった。

羽田は、金丸、竹下の待つその会に向かう車のなかで、田中角栄と、竹下との複雑な事情について思いをはせた。

昭和五十八年十月十二日、ロッキード事件丸紅ルートの判決公判がおこなわれた。東京地裁は田中に対して懲役四年、追徴金五億円の実刑を宣告した。十二月十八日には、いわゆる、「田中判決選挙」がおこなわれ、自民党は大惨敗に終わった。わずか二百五十議席しかとれず、追加公認の八議席を加え、かろうじて過半数を維持することができたのだった。

田中派の中堅・若手議員は、さすがに危機感を覚えた。仮に田中の身に何かが起これば、派は四分五裂になってしまう。そうならないためにも、田中派の長男格である竹下登を、なんとか総裁候補として認知してほしいと願っていた。が、田中に面と向かって直言する勇気のある者はだれもいなかった。

それをよそに、田中は、着実に力をつけてきた竹下の動きを封じこめた。すなわち二階堂進、小沢辰男、後藤田正晴ら腹心の議員、江崎真澄、田村元、小坂徳三郎といった、いわゆる外様議員を重用し、竹下に対抗させたのである。自然彼らと、竹下、金丸を慕う中堅・若手議員とのあいだに、大きな溝ができた。羽田は、複雑な心境をのぞかせた。

〈二年前の総裁選には、ニューリーダーといわれる安倍晋太郎さんや中川一郎さんが出馬した。それなのに、最大派閥のわが派からだれも擁立していない。わが派だって、その適任者がいるじゃないか。竹下さんだ。それをいつまでも総裁候補に出さないというのはおかしい〉

彼らの願いは、一日でも早く自派から総理総裁を誕生させることにあった。田中派は昭和四十九年十二月に、田中が首相の座を退いて以来、十年ものあいだ、独自の候補を擁立していない。党内では、抜きん出た議員数を誇っているが、つねに歴代の政権の裏方に徹してきた。派内には、そんな総裁派閥になりえぬ不満が鬱積していた。

秘密裏に進められた世代交代

さて、「クレール・ド・赤坂」の席で、竹下を中心とする勉強会をつくることを確認しあった。

勉強会のメンバーの人選は、金丸が中心となり、竹下、小渕恵三、梶山静六とでおこなうことになもった。あくまで、田中角栄に洩れないよう極秘裡におこなわれた。金丸は、かつてロッキード事件直後に竹下を担ごうとして田中派の若手を東京ヒルトンホテルに集めた。

が、裏切り者の通報で田中に知れ、失敗していた。このときの教訓を活かし、今回は、慎重にすぎるほど慎重になっていた。

六日後の十二月二十五日夜、今度は築地二丁目の料亭「桂」で、二度目の会合が開かれることになった。

会合の場所も、慎重に選ばれた。なにしろ、田中は地獄耳である。都内の料亭で開かれた会合の情報は、ほとんどつかんでいた。が、「桂」は金丸御用達とまでいわれる料亭である。会合が開かれたという情報が、外部に洩れるおそれはなかった。

羽田も、「桂」に車で向かっていた。

羽田は、後部座席で腕を組み、思いつめた表情になっていた。

〈竹下さんを担ぐのもオヤジのためなんだ〉

昭和五十八年十月の田中のロッキード事件の一審判決がおりる前から、田中直接では指揮ができなくなっていた。しかしいま、田中派は非常に膨張している。百二十人にもなっている。そして、いまは、人の駕籠を担いでいる。いつまでもいまのままだと、それこそだんだんジリ貧になっていく。田中もいまのままでやっていくと、結局野垂れ死にしてしまう。英雄というものの末路は、つねに惨めなものだ。その意味で田中角栄という英雄も、いずれは、去っていく。その去っていく道を堂々と去っていけるようなかたちできちんとつける必要がある。

裁判の結果がどう出るかわからないわけだから、そのときにみんなの心の動揺がないためにも、二階堂進を中心として田中派木曜クラブも、一つの核というものをつくらねばならない。二階堂は、一つのシンボルとする。二階堂は、もう年齢が七十を超えている。いまから新しいことをどうこうするという立場ではない。しかし、純粋な薩摩っぽの二階堂のように田中への直情的な忠誠心をもっている人を中心にして、わがグループに活を入れるといい。

幹事のなかの代表責任者を竹下にする。そういう布陣にして、活力のある木曜クラブにしていかなければならない。さもないと、数が多いだけに政治そのものを停滞させてしまう。オヤジには、徹底して裁判に専念していただきたい……。

「桂」では、前日内示された六十年度予算大蔵原案に対する復活折衝の合間を縫って出席した竹下に、司会役の梶山静六が、あいさつをうながした。

竹下は、どんなときでも内心をのぞかせない顔をひときわ厳しくさせて言った。

「竹下登のすべてを燃焼し尽くして、六十五歳までにすべてを終え、政界を引退する覚悟です。この身をみなさんにおあずけしたい」

短いながら、竹下の政権獲得への決意表明であった。

つづいて、金丸も強調した。

「いよいよ、世代交代のときが近づいてきている。われわれは、草鞋十年間、駕籠を担いだり、草鞋をつくったりしてやってきた。それは、田中のオヤジを守ることであり、こういう状況下で投げ出すことはできない、ということでやってきた。しかし、いつまでもエンドレスでつづくものではない。やはり、われわれは、政策集団として決断して、領袖を立てて、その強力なリーダーシップのもとにやっていかなくてはいけない。その意味では、時機は刻刻と迫っている」

金丸は、十三人を見まわして力強く言った。

「おのおの、肚を決めてついてこい」

それから酒宴に入ったが、だれからともなく、

「目白のオヤジに知られないよう、あくまで極秘のうちに準備を進めよう」

という意見が出た。全員の顔が、険しいものになった。

もしこの計画が発覚すると、田中角栄にただちに行動を起こされ、集まった全員は、孤立させられてしまう。田中角栄のそういうときの詰めの厳しさには、定評がある。田中の性格からして、反逆者は、絶対に許さない。おなじ選挙区に対立候補を立て、かならず潰してしまう。

橋本が、発言した。

「竹下さんには、やはり田中さんに了解を取っていただきたい」

そのことについて、さまざまな意見が出された。

やがて、結論が出た。

「オヤジには、とにかく了解は取りつける。ただし、その前に既成事実をつくり、オヤジがいやと言えない状況をつくっておいて、それから了解を取りつけよう」

竹下が言った。

「では、その拡大世話人会のあとに、わたしがオヤジに報告し、了承を取りつける」

田中角栄からまるで我が子のようにかわいがられている小沢一郎は覚悟した。

〈賽は、投げられた。もはや、このまま突っ走るしかない〉

小沢一郎は、思っていた。田中角栄は、無罪を勝ち取り、潔白な身になりたいと執念を燃やしている。そのうえで、心のなかではもう一度総理大臣になりたいと考えているのかもしれない。いずれにしても、影響力を失うことを恐れている。だからこそ、自派から後継者を出すことを許さなかった。ロッキード事件を抱えていながら、後継者をつくれば影響力がなくなってしまう。無罪を勝ち取るまでは、後継者を出すつもりはなかった。

小沢一郎は、その気持ちも理解できた。が、せめて「これが将来の後継者だ」と内定だけは出してほしかった。派閥は、総理大臣を出すために存在している。将来の展望がまったくなければ、派閥はもたない。

それに田中はロッキード事件以降、派閥の膨張政策をとった。選挙で新人議員を増やすのならまだしも、他派や無派閥から外様議員をどんどん入会させた。そのうえ、彼らを要職に就けた。田中直系の若手議員にしてみれば、おもしろくはない。

そんな小沢らの切実な思いが、竹下を担ぐ会の結成となる。

田中は、竹下を評価していなかった、と小沢は思う。

ただし、小沢らも、竹下の能力を特別に評価しているわけではなかった。が、派内には竹下以外に適任者はいなかった。調整型の政治で通用しているこの時代、竹下の調整能力は、抜群であった。調整能力は、イコール忍耐力である。竹下の忍耐力は、人並みはずれていた。その意味では、適任であった。

気配や眼に見えない配慮だけで、これだけ長いあいだ権力の座にいる人はめずらしい。それに、あれだけ忍耐強い人は、あまりいないのではないか。少なくとも、小沢には真似ができない。言葉は悪いが、自分の思想・哲学がないからだれとでも合わせることができるのだろう。が、それも忍耐がなければつづかないと思う。

小沢は、田中と本気で喧嘩をする気持ちはなかった。弓を引く気もない。田中と竹下をくらべれば、はるかに田中のほうがいい。ただし、田中が後継者の内定を出さなかったので実力行使に出よう、と行動を起こしたのであった。

田中の喉元に突きつけた匕首

年の明けた昭和六十年一月一日、恒例の文京区目白台の田中邸での年始パーティーが開かれた。

田中邸での年始パーティーには、五百五十人もの年始客が詰めかけた。年始客の数は、前年より多く、増えることはあっても減ることはない。例によって、ウイスキーのオールドパーの水割りグラスを片手に、顔を赤黒くさせた田中は、年始客からあいさつをせがまれた。

田中は、仕方なくマイクをとった。

「沈黙は金だ。謹賀新年、正月元旦とだけ言っておこう」

と、めずらしく、短い年頭所感を述べた。

田中は、かわりに、そばにいた竹下にマイクを渡した。

「かわりにやれ」

竹下は、マイクを受け取った。あくまで、顔に笑みをたたえながら、とんでもないふてぶてしいことを言い放った。

「先ほど宮中参賀に行きまして、安倍（晋太郎）外務大臣と並んでいたら、山口（敏夫）労働大臣から『次狙う大臣二人のそろい踏み』と言われましたので、『言ったとたんに、あとまわし』と返しておきました」

年始客が、どっとわいた。竹下の言った意味が、みんなにわかっての笑いであった。竹下が、次期政権を狙うと発言しようものなら、すぐにでも田中角栄に潰され、あとまわしにされる、という皮肉である。

が、竹下派旗あげ準備会に参加した橋本ら以外の者に、その言葉のもう一つ奥に隠された恐ろしい意味は読みとれなかった。

「オヤジ、言葉に出すとオヤジに潰されるので、しばらくは黙って動いているんですよ」

冗談めかして、そっと田中の喉元に匕首を突きつけたのである。

金丸は、幹事長用の黒塗りのクラウンに乗り、一月二十三日の夜七時すぎに「桂」に入った。このとき、すでに竹下をのぞく他の秘密のメンバーは竹下派旗あげのための拡大世話人会に集まっていた。

金丸が、まず立ちあがった。

「派閥というものは天下を取るためにある。しかるにだ、木曜クラブは、この十年間天下を取ったことがあるか。ないじゃないか。では、人材はいないかというと、そうじゃない。二階堂だって、江崎（真澄）だって、みんな総理を狙える。この金丸信だって、みんなの協力をもらえれば、やれないことはない。竹下君は、世間からはニューリーダーといわれているが、何があるのか。親戚のわたしとだって、将来のことを話しあったことはない。今日は、竹下君を総理総裁にしようという信頼の置ける同志に集まってもらったので、血盟の契りをしたい。まず、竹下君の話を聞いてやってください」

竹下が、立ちあがった。顔面が紅潮している。

「わたしは、二十数年間、国会生活をやってきました。この間、いつも陽のあたる道を歩かせていただきました。これもひとえにみなさんのご支援のおかげであると、心から感謝いたします。わたしはいま、竹下登のすべてを燃焼し尽くし、一身を国家のために捧げる覚悟をして、ここにまいりました」

田中から、雑巾がけを命じられ、耐えに耐えてきた竹下の、決意表明であった。

大きな拍手が、座敷いっぱいにわいた。

やがて、酒宴に入った。集まったメンバーのなかから、声があがった。

「血判状をとりましょう」

梶山から、提案が出た。

「勉強会の名称をつけたい」

梶木又三が、それに答えて発言した。

「竹下先生は創政という雑誌をすでに出しているし、『創政会』でいいではないか」

名称は、「創政会」と決定した。設立総会の日取りも、二月七日と決められた。

金丸が、しめくくりの言葉を飾った。

「竹下君は、神輿に乗った。神輿を担いだ者の拠りどころだ」

また、金丸はそこで、全員を見まわして言った。

「竹下は、自分でオヤジのところへ行って、オヤジの了解を取りつけなけりゃならん。しかし、オヤジがどうしても認めんと言うんなら、相当な覚悟が必要だぞ」

金丸の一言に、全員肚をくくった。

翌一月二十四日、午後六時から、千代田区紀尾井町のホテル・ニューオータニで、田中派木曜クラブの新年会を兼ねた総会パーティーが開かれた。

田中は、胸をそらせるようにして声を張りあげた。

「田中派は、なんだかんだと言われても、総裁候補、議長候補、党三役候補と、すべてそろっている。それは、これまでの実績だ」

司会の羽田が、田中をせかした。

「では、ここで、ひとつ『湯島の白梅』を」

田中は、千曲もある持ち歌のうち、「湯島の白梅」を機嫌よく歌った。

歌い終わると、竹下にマイクを渡した。

「おい、竹下君、きみもやれ」

竹下は、とっさにズンドコ節の替え歌「十年たったら竹下さん」を歌うことにした。

竹下は、佐藤政権時代、宴席で酒が入ってくると、まず自分が立ちあがり、上半身裸になって、踊りながらズンドコ節を歌った。しかし、この数年間、田中角栄を刺激することを恐れ、公の席で歌うことはひかえていた。が、いま、とっさにその歌を歌おう、と思ったことに、竹下は自分でも驚いていた。自分で、自分の自信に驚いたのである。正月の田中邸のパーティーのときとちがい、昨日の創政会の拡大世話人会の反応でより自信を深めていた。

竹下は、その自信の表れから、創政会のひそかな旗あげを勘のいいオヤジに悟られては、と、あえて、「これは、十年前の歌です」と前置きした。場内に、笑いの渦が巻きおこった。

竹下は、つとめて冗談めかして歌った。

♪佐藤政権安定成長
あとにつづくは田中か福田
その他人材数々あれど
十年たったら竹下さん
トコズンドコズンドコ……

もちろん、竹下は「あとにつづくは自分」との自信に満ちて歌っていた。

創政会の拡大世話人会に参加していたメンバーの何人かは、竹下の歌を聞きながら、ヒヤヒヤしていた。

察知されたクーデター

竹下は、外部に自分たちの動きが洩れそうな心配が出てきたので、一月二十七日の夜遅く東京駅に着くと、まっすぐ目白の田中邸に向かった。

竹下は、応接間で田中に会うと、伝えた。

「勉強会をつくりたいんですが」

田中は、ウイスキーのオールドパーの水割りを飲みながらあくまで機嫌よく言った。

「そりゃあ、いいことじゃないか。大いにやれ。ただ、早稲田のOB会のように、自分につながりの濃い者ばかり集めるな。ウチの連中と選挙区が重なるのがいるから、田中派として組織的な応援ができなくなる。いろんな連中を入れて、幅広くやれよ」

「わかりました。いまのところ、八十人くらい集まるということなんですが」

竹下の眼には、田中の顔が一瞬曇ったように思われた。八十人といえば、田中をのぞく木曜クラブ百二十人の三分の二にもおよぶ。

田中は、声を高くして言った。

「勉強会としては、多すぎはしないか。勉強会なら、三、四十人が適当じゃないか。ただ、変に動くなよ。マスコミがよろこぶだけだ。泡を食うと、ひょっとしたらなれるかもしれんものもなれなくなるぞ」

「べつに、焦ったりはしていません」

「十年ぐらい、待てんのか」

「……」

「いまは、飛び出すんじゃないぞ。チャンスがまわってきたら、教えてやる。鈴木善幸や、中曾根を見ろ。自分の力で政権を取ったのではない。あきらめたころにチャンスがまわってきたんだ。そこを、よく考えろ。慎重にやれよ」

「わかりました」

「きみが天下を取れば、県議出身では、太政官制度以来のことだ。まあ、しっかり勉強することだ」

話が終わると、田中は、わざわざ玄関まで竹下を見送った。竹下は、緊張のあまり、靴を右左履きまちがえそうになった。

竹下は、世田谷区代沢の自宅に引きあげると、田中の反応を知るため待機していた創政会グループの何人かに伝えた。

「オヤジは『十年間は、おれがやるから、そのあとでやればいい』という印象だ。今回の旗あげで、政治生命が抹殺されたとしても、それはそれでしょうがない」

もはや、竹下と田中のあいだには、食うか食われるかの闘いしか残っていなかった。

竹下が田中に勉強会を開くと報告に行った翌々日の一月二十九日の午後から、田中の風向きが変わった。田中派会長代理の江崎真澄が田中事務所を訪ね、田中を焚きつけた。

「竹下の動きは、クーデターです。派中派をつくるものです！」

なんと、田中派にいながら派をつくるという掟破りをおこなっているというのだ。

百戦錬磨の田中も、さすがに冷静さを失った。

田村元が、ただちに田中に呼ばれた。そこには田中派大幹部の江崎、二階堂、小沢辰男らがいた。

田中は、烈火のごとく怒った。

「竹下め、許さんぞ！」

江崎、小沢辰男ら創政会のメンバーの条件外の者らは、すさまじい反発を示した。

金丸が、創政会旗あげの黒幕であることもわかった。

田中は、怒り狂った。

「金丸は、『昭和信玄』とかなんとか言っているくせに、人の寝首を掻くような真似をしやがって。武田信玄なら、もっと堂々とやるぞ」

そのうえ、梶山静六、小沢一郎、羽田孜ら、田中が幹事長時代の昭和四十四年に初当選し、手塩にかけて育てた連中が、創政会の中核メンバーであることもわかった。

田中は、飼い犬に手を噛まれたような気持ちであった。

田中は、とくに竹下が許せなかった。

「おれは、佐藤が派閥をやめると言ったからこそ、田中派をつくったんだぞ。あいつは、おれが派閥をやめないと言っているのに、それでもつくりおって……あいつは、だれのおかげでここまでなれたと思っているんだ。あいつを、かならず潰してやる！」

田中は、酒焼けした顔をさらに赤く染めて、竹下をののしった。

「おれが百億以上かけてこの田中派を手がけたのに、あいつは、たった一億八千万円でつくるのか！　やるならやってみろ！　これまで、県議出身で総理大臣になった者は、いないんだ！」

一億八千万円というのは、竹下が創政会のメンバー一人ひとりに、二百万円近くの金を配った情報を耳にしていたために口にした表現である。

田中は、怒りに燃えていた。

〈おれの恐ろしさを、見せつけてやる。竹下のもとに馳せ参じた連中を、徹底的に切り崩してやる〉

切り崩しにあう創政会の旗あげ

二月六日夜、千代田区紀尾井町一丁目の赤坂プリンスホテル旧館十二階の一室は、異様に緊張した雰囲気に包まれていた。

衆議院予算委員会の審議を終えて夜の七時すぎにここに顔を出し、部屋の真ん中の椅子に陣取った竹下登は、めっきり白髪の多くなった童顔を引き締め、部屋のすみで電話をかけている小沢一郎の反応をうかがっていた。

翌七日は、竹下を総理大臣にするために結成された「創政会」が、事実上の旗あげをおこなう日である。その創政会旗あげのための極秘の前線基地であるこの部屋には、竹下、小沢のほかに、羽田孜、橋本龍太郎、梶山静六ら中核メンバーと、竹下の秘書グループ十人、さらに、竹下の後見人ともいうべき金丸信幹事長を合わせた三十人を超えるメンバーが集結していた。一室にこれだけの人数がこもったのは、攻めるためだけでなく、田中側の切り崩しをおたがいに防ぎあう意味もあった。

先ほどから電話をかけていた小沢一郎が、苦々しそうに電話を切った。野太い声で、竹下に報告した。

「どうやら、オヤジの切り崩しにあい、明日に合わせて地方に用事をつくり、東京から逃げたようです」

腕を組んで座っている竹下のやはり白いものの混じっている眉が、ぴくりと動いた。

〈オヤジの側も、死にもの狂いで切り崩しにかかっているな〉

明日の発会式に、いったい何人が参加するか。竹下らは、創政会旗あげの土壇場で、当初入会届けを出していたメンバー八十四人に、必死の思いで最後の確認の電話をかけつづけていた。

金丸は、張った小鼻から、フゥーと息を吐いた。腕組みをし、さすがに渋い表情になった。

参議院議員に電話をかけまくっていた小渕恵三が、悲痛な顔で竹下に言った。

「参院からは、五人しか見込めません」

参議院議員のうち、地方区議員に対しては、県連を通じて圧力がかけられた。参院選は、来年だ。

「明日参加したら、公認できない」

と脅しがかけられたのだ。

有力後援者を通じての説得もおこなわれた。

小渕の報告に、竹下と並んで座っていた金丸の顔が、曇った。

参院の梶木又三と遠藤要の二人が、竹下、金丸の二人ににじり寄るようにして言った。

「参加予定者から、つぎつぎに、『申し訳ないが、出られない』と電話が入っている。やはり、オヤジと対決したかたちは、うまくない。明日の発会式は、延ばしたほうが得策だ。参院側の人数は、あまりに少ないし、竹下さんにも、申し訳ない」

この延期論に対し、衆議院側の梶山静六が、猛然と反論した。

「延期は、絶対にだめだ。そんなことをしたら、オヤジに潰されてしまう。明日は、なんとしてもスタートさせて、こちらの力量を示す必要があるんだ」

羽田は、金丸の様子をチラリと見た。金丸は、腕を組みながらじっと考えこんでいた。じつは、金丸のもとに穏健派の渡部恒三から、和解工作が持ちこまれていた。いずれ、田中は勉強会を許す。そのかわり明日の総会は延期してくれ、というものであった。
二、三分経ったであろうか。
金丸は、おもむろに秘書の生原正久に命じた。

「おい、早坂に電話を入れろ」

早坂茂三は、田中の秘書である。切り崩し工作の先頭に立ち、赤坂の料亭「川崎」から、各議員にブラフ（脅し）をかけつづけていた。早坂は、一秘書ではあるが、田中の威光もあり、陣笠議員より、よほど力があった。

議員の一人が、金丸に訊いた。

「いったい、どうされるのですか」

金丸は答えた。

「発会を遅らせれば、オヤジも考えないではないと言ってる。これから、オヤジと会って話をしてくる」

金丸は、つねづね「政治とは妥協である」と公言してきた。それは、野党との交渉、いわゆる国対政治で培ってきた知恵の一つでもあった。

が、今回の事態は、簡単に妥協できるほど生易しいものではなかった。むろん、金丸も、田中の恐ろしさを十分に理解している。仮にここで妥協をはかれば、おそらく田中は、首謀者である金丸と竹下を潰しにかかるであろう。それを防ぐためには、なんとしてでも創政会の設立を遅らせてはいけない。それなのに金丸は、この期におよんで田中と会談をもつというのである。

金丸は、田中に心底惚れこんでいた。ために、どうしても非情になりきれなかった。なんとか、妥協の糸口を見つけようと模索していたのである。金丸のじつに優しい一面でもあった。

だが、小沢一郎は、猛烈に反発した。

「出入りの前夜に、小さいほうが大きいほうを訪ねるのは、全面降伏といっしょですよ。いまさらオヤジに会うなんて、冗談じゃない。もし行くのなら棺桶を担いで、喧嘩状を持って行ってください。それ以外なら、絶対にだめです」

金丸は、小沢に眼をやった。

「まあ、一郎、そう言うな」

と、その瞬間、大きな声が部屋中にとどろいた。

「金丸さん！　それは、だめです。いま妥協されたら、こっちはガタガタになってしまう。オヤジとの話しあいは、創政会が発会するまで、待ってください！」

金丸は、その声の主を凝視した。だれあろう、派内一温厚な人物といわれる羽田ではないか。金丸は、かつて番記者から「将来の宰相候補は」と聞かれたとき、こう答えた。

「平時の羽田孜、乱世の小沢一郎、大乱世の梶山静六」

が、羽田の形相は、修羅のそれであった。

「われわれのこのエネルギーを、後日、もう一度起こそうとしても、それはなかなかできるものではないんです。わたしだって、オヤジに対して、何の恨みもない。それどころか、尊敬しています。ただ、オヤジの側にいる人たちが、きちんとしたことを伝えないから、こういう事態が起こってしまった。いまさら、話しあいにのぞむなんて、わたしは、絶対に反対です！」

金丸は、彼らの気迫に押された。田中との話しあいを思いとどまった。

竹下は、いっそう険しい表情になっていた。

〈今回の旗あげに失敗すれば、おれの政治生命も終わりだ。もう、引き返せない〉

田中支配の終焉

運命の日──昭和六十年二月七日の朝を迎えた。午前八時すぎ、ついに創政会の設立総会が開かれた。総会の場所をあえて、田中派事務所に設定したのにはわけがあった。田中の側近である小沢辰男から「発会式の場所はあくまでも田中派事務所で」という提案に妥協したためである。

会に出席した竹下の眼は、血走っていた。昨夜、自宅にもどっても一睡もしていなかった。赤坂プリンスホテルの創政会前線基地と連絡をとりあい、最終的に何人が初会合に参加するか、躍起になって確認をとりつづけた。

竹下は、集まったメンバーに眼を走らせ、入会届けのあった八十四人中、四十人しか出席していないことを確認した。正確には、衆議院議員二十九人、参議院議員十一人である。総裁選立候補に必要な推薦五十人に、十人も足りない。

竹下は、苦々しく思っていた。

〈オヤジの切り崩しに、思った以上にやられたな〉

田中角栄の恐ろしさを、まざまざと見せつけられていた。

いっぽう田中角栄は、当初の申しこみ者八十四人のうち、四十人しか結集しなかったと知り、田中派の中堅議員を前に、せせら笑った。

「おれは、百五十人抱えて、あと三回は選挙がやれる。竹下は、五十人で二回やるのがやっとさ」

つまり、竹下の旗あげした創政会の力をもってしては、二回選挙をやればいい。創政会は、それで終わり、潰れる。線香花火のような命さ……と笑ったわけである。

が、金丸は創政会の旗あげは成功だったと踏んでいた。

〈とにもかくにも、田んぼに稲を植えつけることができたんだ。三歩前進、二歩後退

さ。結局は、一歩前進した。大成功さ〉

小沢一郎は、二月二十八日早朝、けたたましい電話のコールで、夢の世界から現実の世界へと引きずり戻された。受話器を持ちあげた。

「はい、小沢です」

次の瞬間、体に電流が走ったようであった。

「なに！　オヤジが倒れた……」

午前十時四十五分、渡辺恒彦東京逓信病院院長、主治医の加嶋政昭第三臨床検査部長ら医師団五人が記者会見をした。

「今日午前七時に起床、田中元首相は『食欲なし』と言い、朝食はとらなかった。ごく軽い言語障害がある。さらに検査を進めているが、現時点での診断は『可逆性虚血性神経障害』と呼ばれる、ごく軽い脳卒中で、三、四週間で回復するだろう」

小沢一郎は、田中の病状の発表を聞き、ほっと胸をなでおろした。

〈創政会の結成騒ぎで、オヤジには相当心配をかけたからな。でも、病状が軽くて安心した。早く元気になって復帰してほしい〉

だが、小沢の願いは田中のもとに届かなかった。田中の本当の病名は、実は脳梗塞であった。田中は、二度と国会の赤絨毯を踏むことはなかった……。

大局的に見れば、昭和六十年二月二十八日という日は、十数年にもおよぶ「田中支配」という一つの時代が終わった日でもあった。

小沢一郎は、田中に息子同様に眼をかけてもらっていた。それだけに、田中の倒れたことで小沢に対する非難の声も小さくはなかった。

小沢は、結果的にであれ、田中を傷つけたことへの心苦しさに胸を締めつけられるようであった。が、あえて政治の非情さに徹しようとしていた。

〈おれたちは、オヤジが倒れたから、創政会を結成したんじゃない。オヤジが、まだ元気なときに喧嘩を挑んだんだ。創政会を解散するつもりはない〉

結局、三月七日に予定されていた創政会の会合は、四月四日に延期された。が、その会合も、直前になって竹下からの「予算案審議中」という理由で延期された。

四月二十五日、ついに創政会の会合が開かれ、総裁選立候補に必要な五十人を超える五十四人が集まった。

竹下は、昭和六十二年十一月六日、念願の総理大臣に就任した。

著者プロフィール

大下英治　おおした・えいじ

1944年6月7日、広島県に生まれる。1968年3月、広島大学文学部仏文科卒業。1970年、『週刊文春』の記者となる。記者時代『小説電通』（徳間文庫）を発表し、作家としてデビュー。さらに月刊『文藝春秋』に発表した「三越の女帝・竹久みちの野望と金脈」が反響を呼び、岡田社長退陣のきっかけとなった。1983年、週刊文春を離れ、作家として政財官界から経済、芸能、犯罪まで幅広いジャンルで創作活動をつづけている。

著書は、『十三人のユダ　三越・男たちの野望と崩壊』『美空ひばり・時代を歌う』（以上、新潮社）、『闘争！角栄学校』（講談社）、『トップ屋魂　首輪のない猟犬』（イースト・プレス）など450冊以上にのぼる。近著には、『大宏池会の逆襲』『安倍官邸「権力」の正体』（KADOKAWA）、『高倉健の背中　監督・降旗康男に遺した男の立ち姿』（朝日新聞出版）、『百円の男　ダイソー矢野博丈』『永田町智謀戦2　竹下・金丸と二階俊博』（さくら舎）、『石破茂の「日本創生」』（河出書房新社）などがある。

掟破り

2018年2月5日　第1刷発行

著　者　大下英治
発行人　出口　汪
発行所　株式会社　水王舎
東京都新宿区西新宿6-15-1
ラ・トゥール新宿511　〒160-0023
電話03-5909-8920　http://www.suiohsha.jp

編集協力　土田修
ブックデザイン　福田和雄（FUKUDA DESIGN）
編集統括　瀬戸起彦（水王舎）
本文印刷　信毎書籍印刷
カバー印刷　歩プロセス
製　本　ナショナル製本

ISBN978-4-86470-095-5